丛书编委会

主　编：于　淳

副主编：吴　怡

编　委：（按姓氏笔画排序）

　　　　　于　淳　马　静　王诗漪　白　玫　严　啸

　　　　　李　烁　李　莉　吴　怡　张尉强　陈蓉晖

　　　　　孟文果　谢笑容　瞿玉蓉

Fine Art Literacy

HAND STYLING

美术艺术素养

手工造型

谢笑容 / 主编

章威　杨凤 / 副主编

ZHEJIANG UNIVERSITY PRESS
浙江大学出版社
·杭州·

图书在版编目（CIP）数据

美术艺术素养.手工造型/谢笑容主编.－－杭州：
浙江大学出版社，2023.6
ISBN 978-7-308-22218-1

Ⅰ.①美… Ⅱ.①谢… Ⅲ.①学前教育－手工课－幼
儿师范学校－教材 Ⅳ.① G613.6

中国版本图书馆 CIP 数据核字（2022）第 005921 号

美术艺术素养　手工造型
MEISHU YISHU SUYANG　SHOUGONG ZAOXING

谢笑容　主编
章　威　杨　凤　副主编

责任编辑　朱　辉

责任校对　葛　娟

封面设计　春天书装

出版发行　浙江大学出版社

　　　　　（杭州市天目山路 148 号　邮政编码 310007）

　　　　　（网址：http://www.zjupress.com）

排　　版　杭州浙信文化传播有限公司

印　　刷　杭州捷派印务有限公司

开　　本　787mm×1092mm　1/16

印　　张　8.25

字　　数　240 千

版 印 次　2023 年 6 月第 1 版　2023 年 6 月第 1 次印刷

书　　号　ISBN 978-7-308-22218-1

定　　价　49.00 元

序 一

以亲近儿童的径向，迎接童年美好生活

　　由浙江师范大学杭州幼儿师范学院儿童艺术教育系（以下简称"儿艺系"）教师领衔编写的高等学校首套儿童艺术教育系列教材历经 10 余年的使用与教学实践总结，目前以"儿童艺术教育新形态教材"的新面貌陆续与学教者见面。历经 10 余年的探索、打磨、蝶变，其意义已超越了教材本身。我在这里作为亲历者、见证者谈谈几代艺术老师做这些事的心路历程与研究初心。

一、系列教材为何"姓幼"

　　"一切为儿童"是中国近现代幼教开创者陈鹤琴先生为六一儿童节的题词，它是浙江师范大学杭州幼儿师范学院（前身为浙江幼儿师范学校，以下简称"幼师"）的校训，故学院所有标志性事物都以"儿童""童"命名，儿童艺术教育系与其教学楼（童艺楼）、系列教材也不例外。因而教材面向 0—12 岁特别是 0—8 岁的儿童（国外规范称谓为早期儿童，国内习惯称儿童）为理所当然。教材"姓幼"的另一渊源是在幼师多年的发展中艺术类教师长期形成的幼师文化。如美术教研组的余礼海（后成为副校长）、张友陶老师带领老师们长期深入幼儿园，既帮助幼儿园进行班级环境创设、玩学材料制作，又以幼儿园生活为题材进行儿童艺术创作，形成了独特的绘本、连环画、水彩画、沥粉画、剪切画、纸雕等多种形态的作品。这些多年累积的作品成为 20 世纪 80 年代省编幼儿园教材的重要素材。这一过程也培育出了几代英才，如张昭济（著名绘本画家）校长、李全华教授。李全华教授在儿童画、绘本、童书装帧等方面有深厚的造诣，作品多次入选全国美术作品展览并获国内外大奖。他也是幼师培养的第一位教授，担任儿童艺术教育系首任主任，使儿童美术群体开枝散叶，进而形成了今天学院的动画系与玩具系。在音舞方面，音乐教师陆家庆老师以幼师学生、幼儿园教师为主体组建了西子合唱团，演唱曲目以校园歌曲、儿童歌曲、民歌为主，在杭州、浙江乃至全国具有较大影响。陈康荣副教授带领儿童舞蹈创编团队创作的舞蹈《绿之萌》获全国第一届大学生艺术展演活动艺术表演类舞蹈一等奖（普通组）。自 2008 年以来，学院正式设置综合性"儿童剧"课程。这是一种新形态的课程，从剧本创作到舞美、道具设计，从导演到每个群演角色，均要求全班参与、全方位投入，课程时间一年，在毕业典礼、六一儿童节时展演，极大地推动

了儿童综合艺术教育的开展。从艺术的社会教育角度看，儿艺系的老师们长期深入社区、文化宫开展儿童艺术教育。学钢琴对于幼儿、小学生来说是一件枯燥的事，但幼师的老师们在长期的实践中形成了培养琴童的一套实践路径，同样誉满杭城。可以看到，过去几代幼师人对儿童艺术教育的长期探索主要停留在个人经验性、师徒传承性、知识缄默性、认知内隐性的层面，需要以教材的方式将个人知识、小群体知识公共化，将缄默、内隐的知识显性化。现在儿艺系主任于淳副教授接过了这一重任。

二、系列教材为何要持续"姓幼"

与自然美、社会美相比，艺术美是人类感受美、表现美和创造美的重要形式，也是人们表达自己对周围世界的认识和情感的独特方式。艺术教育特别是儿童艺术教育不能停留在传统艺术技能尤其是机械、教条的技能训练层级的传授上，而是要上升为艺术素养教育，帮助学生激发艺术潜能、培养艺术兴趣、引发艺术感知、激活艺术表现、滋养艺术情趣、培育艺术品性。儿童艺术教育团队就是在这一素养培育的总目标下不断前行，持续改进教材和课堂教学模式的。

"音乐艺术素养"系列中的钢琴、声乐教材（分别为基础、提高、拓展三册），内容选材都以儿童音乐作品素材为主，同时增加了儿童歌曲"弹弹唱唱"模块；教学目标更加强调培养学生在弹奏、演唱基础上的音乐欣赏、音乐表现、音乐创造能力，通过嵌入相关数字资源（如创作背景、作曲家介绍、体裁风格、思政要素等）进行辅助，提高学生的音乐艺术素养，突出教材的学前专业特点。学生在实践环节中不但能提升音乐表现力和艺术气质，更能在聆听欣赏中感受音乐带来的情感启迪，同时通过均衡对称的三段体结构在均衡典雅、自然通透中感受人与自然的关系，在潜移默化中形成优雅的生活态度。教材努力成为学生打开音乐艺术视野、提高音乐综合素养的帮手。

《音乐艺术素养　奥尔夫音乐活动设计》从儿童的音乐经验出发，综合了身体律动、儿歌、游戏和打击乐等音乐活动，突出儿童音乐学习的生活化、情景化和游戏化；同时结合奥尔夫的音乐教育理念和本土的音乐元素，从音乐文化和儿童发展视角强调在音乐活动设计过程中如何让儿童更好地感受音乐、欣赏音乐、学习音乐和表达音乐。教材不仅致力于提高儿童对音乐美的感受及合作表现，也注重激发儿童的音乐潜能、培养儿童的学习品质。

《音乐艺术素养　儿童音乐创编》是一本以培养儿童创新精神为目标，依据儿童音乐教育的基本特点，结合学前儿童音乐教育而设计的音乐理论课教材。教材注重实际运用与理论解析相结合，选择、编写适合学前教育学生学习的谱例，使学生在课堂上能即时视唱和现场弹奏乐谱；加强音乐课程间的横向联系及渗透，将传统音乐专业的作曲、和声、音乐作品分析、合唱编配等基础理论课程综合起来，吸取其中的精华和实用内容，融会贯通；提出了儿童微型音乐剧概念，阐述儿童微型音乐剧创编的基本原理和在实践中的运用，突出儿童性和创新性。

"舞蹈艺术素养"系列包括形体训练、现代舞、民族民间舞、儿童舞蹈编创等内容，围绕舞蹈基础、形体、基本原理、编创的基本方法和基本技能，遵循舞蹈习得的逻辑性和系统性，注重融儿童舞蹈创编、表演、教学、研究于一体的综合能力与实践能力的培养，配以数字化资源，以新形态、全媒体、立体化形式呈现。教材内容与儿童舞蹈教育内容紧密结合，使学生在熟悉儿童舞蹈素材和作品范例的基础上，学习编创儿童舞蹈的多种形式，如律动、歌表演、集体舞、音乐游戏、表演舞等；使学生习得学习舞蹈的能力与方法，树立热爱儿童舞蹈教育的专业思想，增强开展儿童舞蹈教育活动的信心和能力，融知识、能力、情感态度、价值观于一体。

《美术艺术素养 手工造型》的内容以单元形式呈现，每个单元由小模块组成，既有传统手工制作内容，又拓展了幼儿园目前最新的手工制作内容，并结合儿童教育理念开发了适合儿童的手工制作体系。教材的教学目标更强调制作和创编的结合，提高儿童的手工制作素养，突出教材的学前教育专业特点。

《美术艺术素养 创意版画》是结合《幼儿园教育指导纲要（试行）》中的艺术教育目标所编写的一本创新型版画教材。版画艺术不同于其他画种的技法特点，对儿童的绘画和手工能力发展都大有裨益。教材主要在传统版画艺术中提取符合学前教育专业特点、适合学生学习掌握的版画技法，并通过工具材料的更替和创新，使创意版画技法学习更具趣味性和实用性，更适合进行幼儿园儿童创意版画活动的设计和开展。

《儿童剧理论与实务》旨在使学生了解儿童剧的基本元素、创编儿童剧的基本原理以及儿童剧表演的基本技巧，在反复实践、不断循环中提高学生的创编能力与表现能力。教材力图体现儿童艺术的生态性、整合性、实践性，既实现各艺术之间的生态整合，又实现艺术技能与审美情趣、学前儿童教育性的深度融合，最终为师范生进入幼儿园亲近儿童、让儿童表达内心感受、建立表演区角提供理念、表演与排演的艺术支持。

上述教材是为培养儿童艺术园中的园丁所用，目的是让师范生能够更好地培育幼儿的艺术种子。我们坚信每个儿童心里都有一颗美的种子，儿童艺术教育的关键在于充分创造条件和机会，在大自然和社会文化生活中萌发儿童对美的感受和体验，丰富其想象力和创造力，引导儿童用心灵去感受和发现美，让儿童用自己的方式去表现和创造美。我们希冀未来的教师能对儿童的艺术表现给予充分的理解和尊重，而不是以自己的审美标准去评判儿童，更不以追求结果的"完美"而对儿童进行千篇一律的艺术训练。

三、系列教材为何要深度"姓幼"

当代幼儿教师的专业养成，除了呼应时代对教师艺术素养的要求外，也涉及对艺术本质、艺术起源、艺术审美、艺术体验的理解，即儿童艺术教育教材"姓幼"也触及对艺术基本理论问题的关照。具体需要回应三个核心命题。

（一）艺术源于生活，人类童年是生活的深层源头，人类的生命艺术世界就此展开

20 世纪 30 年代杜威应哈佛大学邀请做了十讲的"艺术哲学"讲座，形成《艺术即经验》这一名著。在该书中杜威阐释说："雅典的希腊人在思考艺术时，会形成艺术是再造或模仿行动的思想。许多人反对这一想法。但是，这一理论的流行证明了美的艺术与日常生活紧密联系，

如果艺术与生活兴趣相距遥远的话，那么，任何人都不会产生这种想法。这一学说并非表示是对象的精确复制，而是说艺术反映了与社会生活的主要制度联系在一起的情感与思想。"①杜威还说："艺术由生命过程本身预示。当内在的机体压力与外在的材料结合时，鸟就筑巢，狸就筑坝。内在的压力得到实现，外在的材料变为一个满意的状态。"②就当下来说，"艺术源于生活"是大部分人都可以接受的观念，但"童年生活是艺术的深层源头"就没那么容易被接受，因为人们很少有艺术起源于人类童年的意识，更不会建立人类童年与个体童年间的内在关联。当代儿童发展科学研究表明，个体童年生活的代际密码照亮了人类童年深邃、宽广、丰厚、绵延的美的历程。音乐认知神经科学发现所谓"莫扎特效应"是因为莫扎特钢琴曲的旋律小回旋与胎儿羊水波幅同频共振。在《本能的缪斯》中布约克沃尔德认为："胎儿从子宫中获悉的母亲声音从根本上是一种音乐母语……胎儿从母亲音调、节奏、音速的变化中'读出'母亲的交流方式、情感、情绪的变化……胎儿对母亲的说话、唱歌、欢笑的音乐性的日趋熟悉……如同神圣的献词引导其进入人类的大家庭，获得一种交流的能力，这种能力是缪斯式的，一种生存性的力量。"③人类这种体验境界的提升既需要个体生活意义的不断丰盈，更需要基于人类的本能、潜意识、集体潜意识的原发性艺术审美追寻。按照冯友兰先生关于人生境界的自然、功利、道德、天地四层级划分，人类童年生活境界是一种"天—地—人"的境界，只有回到人类童年我们才能真切感受到大地之子、宇宙之子，才能在"天—地—人"的悟觉下存有赤子胸襟。唯有如此，我们才能在古典与现代、民间与流行、民族与世界、童年与成年的艺术对立与紧张关系中实现调和与反转，被传统的"成人中心"的艺术世界遮蔽了的人类童年的艺术世界才可能向我们敞开。一个立体的、有时间维度的、人类发展生命态的艺术世界就此向我们展开。

（二）艺术基于经验，儿童经验是人类经验的最初样态，人类经验的延续需要儿童经验的代际赓续

在《艺术即经验》中杜威阐释了经验之于艺术的本体性价值："在每一个完整的经验中，由于有动态的组织，所以有形式。我将这种组织称为动态的，是因为它要花时间来完成，是因为它是一个生长过程：有开端，有发展，有完成。……经验过程就像是呼吸一样，是一个取入与给出的节奏性运动。"④杜威承认儿童经验的初级性、不完备性，但更认识到儿童经验获得的潜在性。教育对于人类经验生长的深切责任及存在的问题是："传统教育认为学校环境只要有课桌、黑板和小小的学校场地就足够了。教师不必深切地熟悉当地社会的自然、历史、职业等方面的情况，以便用来作为教育的资源。"⑤杜威进一步揭秘教育对两种经验的误用："一个人对于人和物相接触所获得的狭隘的经验，以及从知识传播中所获得的广泛的种族经验，这二者之间的关系，也可以表示近与远之间所要求的平衡。在大量知识需要传播的条件下，

---

① 杜威. 艺术即经验. 高建平，译. 北京：商务印书馆，2009：8.
② 杜威. 艺术即经验. 高建平，译. 北京：商务印书馆，2009：25.
③ 沃尔德. 本能的缪斯：激活潜在的艺术灵性. 王毅，孙小鸿，李明生，译. 上海：上海人民出版社，1997：15-17.
④ 杜威. 艺术即经验. 高建平，译. 北京：商务印书馆，2009：65.
⑤ 杜威. 我们怎样思维·经验与教育. 2 版. 姜文闵，译. 北京：人民教育出版社，2005：259.

教育上常有淹没学生个人的生动经验（虽然这种经验是狭隘的）的危险。充满活力的教师能够传播知识，激励学生通过感官知觉和肌肉活动的狭窄的门户，进入更完满、更有意义的人生，而单纯的教书匠却止步不前，无所作为。真正的传播知识，包含着思想的传导；如果传播知识不能使儿童和他的种族之间发生共同的思想和目的，那么，所谓传播知识不过是徒有虚名而已。"①传统教育误读两种经验的实质是对个体经验与人类经验、特殊亲历经验与间接共同经验的混淆与僭越。在某种意义上，个体审美的先验就是人类童年的经验累积，就此康德关于审美判断力的两个二律背反"非概念但有普遍性；非功利但有愉悦感"就迎刃而解了。故此黑格尔认为，自然美有概念的确定性，而艺术美之高于自然美在于，艺术美是心灵产生和再生的美，是心灵的再现活动，"艺术美是心灵的独立自由与自为，……美是绝对精神的感性显现"②。绝对精神就个体发展而言是先验的，但人类的发展却是经验累积的理性形态，艺术的美就是要把经验的理性形态——个体审美对象化为艺术活动的感性显现。艺术的美一定是能打动审美者的，震撼审美者心灵的，激发创造者的自由自觉生命力的。儿童的精神世界有其自己的体验和表达方式，未受世俗的功利感染和世故的油滑沾染，能满足"功利性经验消失，审美愉悦随之而来"这一审美约束，因而有更为独到的审美境界。儿童艺术教育就要保护这一自然、多样的审美生态，使人类的审美经验代际赓续。

（三）消除两种艺术经验割裂的路径在于儿童艺术教育的经验还原，艺术经验还原不仅激发儿童的艺术感知，更滋养其整全的艺术生命

杜威在认识到儿童经验与其种族经验的割裂时，提出了"经验交互作用"与"经验连续性"的教育策略。经验之间的交互作用强调经验的客观条件和内部条件的同等重要性，强调即刻交互作用对当下经验的快速反应和现场领悟。传统教育的弊端在于强调对经验的外部条件的重视，而对经验的内部条件几乎不予注意，因而在教育中应识别和理解儿童的现有经验，察觉并判断其潜在的能力倾向，符合儿童生长的方向，形成经验交互关系。就经验连续性而言，杜威认为，教育成为在经验中、由于经验、为着经验的一种连续过程，通过实践这种跨越时空的连续性反思获得经验意义，实现从原始经验到反省提炼经验、从一个经验到完整经验的转变。③杜威的经验连接策略如何在艺术教育中落地呢？幼师的王秀萍教授用10余年的时间进行系统探索，深刻影响了儿童艺术教育团队。

王秀萍认为儿童艺术教育涉及处于张力两端的两种经验：当下艺术经验与儿童本体（含本能）亲历性经验。当下艺术经验是由艺术作品承载、具有历史累积、抽象属性的成人艺术智慧结晶，并固化为教科书与教学、训练体系。儿童本体亲历性经验是儿童与生俱来的本能天性与胎儿、婴幼儿早期经历形成的，体现在游戏与操作不同的行为表现中。在艺术教育中，美术宜发挥儿童的操作天性，音乐、戏剧、故事、童话等宜融入假扮游戏、集体游戏等活动中。经验还原的儿童艺术教育是基于艺术经验还原为儿童本体经验的方式，实现由儿童本体经验

① 杜威. 我们怎样思维·经验与教育. 2 版. 姜文闵，译. 北京：人民教育出版社，2005：236.
② 黑格尔. 美学：第一卷. 朱光潜，译. 北京：商务印书馆，1979：38-39.
③ 杜威. 经验与自然. 傅统先，译. 南京：江苏教育出版社，2005：12-13.

提升到儿童艺术经验、新形态艺术经验层面的艺术教育方式。艺术教育经验还原历经静态与动态两个步骤。静态还原又称知识形态还原，是把以抽象艺术符号呈现的艺术作品还原为儿童喜闻乐见的假扮游戏情境。如音乐作品还原需先赋予音乐作品中片段以角色或情节冲突情境，再赋予音乐作品中乐句递进以角色行为变化情境，最终把一首用抽象音乐听觉符号表达的音乐作品还原为儿童可玩的角色、情节、场景三要素齐全的假扮游戏（此步骤在教学设计环节完成）。动态还原又称教学方式还原，是把成人化的死板教学方式还原为游戏情境中的角色互动方式。在教学中教师不以教师身份出现，往往以游戏中角色身份或以小动物妈妈身份出现，音乐教学过程即游戏情节推进角色互动过程（此步骤在教学实施环节完成）。儿童在角色假扮过程中，对角色行为越来越熟练、准确，接近准确的角色行为即形成当下的艺术经验。[1] 艺术教育经验还原的实质是将形式化、现代化、成熟化、成人化的艺术表现形态，还原、回归到不同年龄儿童可接受、可显现的形态，并建立内在的经验关联，形成经验连续体，让人类艺术经验的连续与进化自然地嵌入个体经验连续体中，不断滋养儿童整全的艺术生命，实现艺术的代际传承与创新。

儿童艺术教育是一项不断挖掘个体潜能，激发艺术潜质，感受美好人生，体悟生命真谛，悦纳内心体验，表达自由自觉，丰满生活内涵，提升生存境界的人生愉悦事业。作为学前教育工作者，需遵从艺术审美的内心呼唤，引导学生遵循自身心性所向，不断修炼自己，向内省思，向外显现，不断丰富内心的精神滋养，扩展美好的心灵空间，提高审美情趣，跃迁人生境界。幼儿教师的美育理想应是——书写美丽人生，铸就幸福童年。

秦金亮

教育部高等学校教育学类教学指导委员会委员

教育部高等学校幼儿园教师培养教学指导委员会副主任委员

中国学前教育研究会副理事长

浙江师范大学杭州幼儿师范学院原院长

浙江师范大学杭州幼儿师范学院国际儿童研究院院长

---

[1] 王秀萍. 经验还原幼儿园音乐教学. 合肥：安徽文艺出版社，2011：12-18.

序 二

他山之石：NBPTS 幼儿教师艺术领域教学标准的综合取向

（代 序）

一、学前教育专业的艺术课程亟须改革

2020 年，中共中央办公厅、国务院办公厅印发《关于全面加强和改进新时代学校美育工作的意见》（简称《意见》）。《意见》的总体指导思想是："以习近平新时代中国特色社会主义思想为指导，全面贯彻党的教育方针，坚持社会主义办学方向，以立德树人为根本，以社会主义核心价值观为引领，以提高学生审美和人文素养为目标，弘扬中华美育精神，以美育人、以美化人、以美培元，把美育纳入各级各类学校人才培养全过程，贯穿学校教育各学段，培养德智体美劳全面发展的社会主义建设者和接班人。"为了"把美育纳入各级各类学校人才培养全过程"，《意见》要求"完善课程设置"，指出"学校美育课程以艺术课程为主体，主要包括音乐、美术、书法、舞蹈、戏剧、戏曲、影视等课程"，明确提出要在"学前教育阶段开展适合幼儿身心特点的艺术游戏活动"。显然，能否开展适宜幼儿身心发展特点的艺术活动，完全取决于幼儿园教师是否具有契合幼儿学习与发展方式的艺术教育素养。

应该说，我国幼儿园教师的培养有着重视艺术素养的传统。在我国传统的幼儿园教师培养模式——特别是新中国成立后形成的幼儿师范学校课程体系——中，音乐、舞蹈及绘画等艺术课程占有相当重的分量，以至于相当长的时期内，不少学校学前教育专业建立的标识就是具备艺术训练场所和设施设备；幼儿园教师职前培养模式对艺术课程的强化，进一步延伸到职后，不少幼儿园在招考新教师时也将艺术技能的考核放在关键的位置。毫无疑问，艺术在学前教育中有其独特的甚至无可替代的地位，重视艺术素养的传统也确实培养了大量多才多艺、艺术修养深厚的优秀幼儿园教师。但显然，幼儿园教师的艺术素养只是其综合素养的一部分，艺术素养只有建立在教师对幼儿学习与发展的理解和支持之上，才能为促进幼儿身心和谐发展、奠定其德智体美劳全面发展的基础服务，真正实现艺术教育"以美育人、以美化人、以美培元"的目标。

可见，在幼儿园教师培养中如何合理设置艺术课程，尤其是如何建构各类艺术课程的内容，迫切需要研究。那种照搬一般艺术院校相关课程设置和课程内容的"拿来主义"做法固

然不可取，但考虑学前教育专业特殊性而简单删减艺术院校相关课程的"剪刀主义"做法也并不高明。或许，美国国家专业教学标准委员会制定的全科型幼儿教师教学标准中的综合取向艺术素养要求，可为我们学前教育专业艺术课程的实施提供借鉴。

美国国家专业教学标准委员会（National Board for Professional Teaching Standards，简称NBPTS）是成立于1987年、以开发优秀教师专业标准和建立优秀教师资格认证系统为目的的非营利、非政府的专业组织。NBPTS 根据学生年龄（3—8 岁的幼儿、7—12 岁的儿童、11—18 岁的青少年）和所教学科，将优秀教师分为两大类：一是担任某一年龄段某一学科教学的教师，如幼儿和儿童艺术教师（Art/Early and Middle Childhood）、幼儿和儿童音乐教师（Music/Early and Middle Childhood）等；另一类是承担某一年龄段多种学科教学的"全科型（Generalist）"教师，如全科型幼儿教师（Generalist/Early Childhood）等。其中，全科型幼儿教师较接近我国学前教育专业所培养的幼儿园教师。NBPTS 优秀全科型幼儿教师教学标准先后修订多次，其艺术领域教学的综合取向始终明确。

二、NBPTS 2010 年版优秀全科型幼儿教师专业标准中的艺术要求

NBPTS 于 2010 年发布的优秀全科型幼儿教师专业标准（Early Childhood Generalist Standards for Teachers of Students Ages 3—8），确定了优秀全科型幼儿教师的十项标准[1]：运用儿童发展的知识来理解儿童；与家庭和社区合作；促进平等、公平和欣赏多样性；了解幼儿教学科目的内容；评估儿童的发展和学习；管理发展和学习的环境；设计发展和学习；实施发展和学习的教学；反思幼儿教学；做专业精神的典范，促进专业发展。第四项标准"了解幼儿教学科目的内容"对优秀全科型幼儿教师所应掌握的科目领域做了规定，主要包括学术（语言艺术、数学、科学、社会研究）、艺术（视觉艺术、音乐和戏剧）、健康教育、体育和技术等内容领域；要求优秀全科型幼儿教师应对不同学科的知识、技能和实践有深刻的洞察力，懂得每一学科的知识是如何建构的，理解能将学科内容知识最好地传达给幼儿的教学方法，了解联系每一学科的基本事实、概念和过程的各种创意。其中对优秀全科型幼儿教师在艺术方面的专业标准规定如下。

（一）视觉艺术（Visual Arts）

要求优秀全科型幼儿教师能敏锐地理解幼儿运用艺术表达的符号和形式交流其思想和感情的方式。教师能运用适合发展及具有文化适宜性的方法促进儿童的视觉艺术意识和创作。教师在艺术方面的广博背景支持他们把视觉艺术作为幼儿课程中必不可少的一部分；他们熟悉视觉艺术方面的各种概念，包括色彩、结构、线条、对称性、光线和形状。他们也熟悉素描画、油画、雕塑和电影等不同的视觉媒介，知道世界文化中的艺术史。

具体要求包括：第一，优秀全科型幼儿教师知道创造性是儿童艺术表现的核心。第二，

---

[1] National Board for Professional Teaching Standards. Early Childhood Generalist Standards：for teachers of students ages 3—8. ［2021－11－08］. http://www.nbpts.org/userfiles/file/ECGen_PCDraft.pdf.

优秀全科型幼儿教师帮助儿童在日常生活中看艺术、谈艺术、创造艺术并发展一种视觉艺术的意识。第三，优秀全科型幼儿教师帮助儿童懂得各种有关视觉艺术的有效的审美方法和审美响应。第四，优秀全科型幼儿教师应用视觉艺术扩展儿童学习的其他方面。

（二）音乐和戏剧（Music and Drama）

优秀全科型幼儿教师要认识到表演艺术能够使儿童的情感得到表达，而这些情感表达方式是在生活的其他方面无法学会的。他们努力为儿童参与戏剧和音乐提供富有意义的、适合发展的机会。他们设计的活动能反映地方社区和教育场景中儿童的多样性，并让家庭参与到表演艺术活动中来。具体要求包括：第一，优秀全科型幼儿教师知道倾听是幼儿发展的基本音乐技能。第二，优秀全科型幼儿教师熟悉音乐的基本要素——韵律、节拍、音调、音质、力度和和声。第三，优秀全科型幼儿教师理解戏剧是一种过程，通过它个人可以以象征的形式表达思想、愿望和矛盾。第四，全科型幼儿教师知道表演故事是幼儿的一个特点。第五，优秀全科型幼儿教师运用儿童发展、不同的儿童个体以及儿童生活社区等方面的知识，来设计和选择戏剧活动。

三、NBPTS 2015 年版优秀全科型幼儿教师专业教学标准中的艺术要求

NBPTS 于 2015 年修订后颁布的第三版优秀全科型幼儿教师专业教学标准[1]，同样是在标准四"了解幼儿教学科目的内容"中对优秀全科型幼儿教师的艺术素养标准进行了规范。和2010 年版相比，其综合性要求更加明显。要求：优秀幼儿教师可以将他们有关幼儿、教学内容和教学方式的知识毫不费力地整合在一起；他们需要对学科的基本思想有深入的了解，对幼儿推理内容的方式有敏感的认识，并意识到幼儿通常会遇到的困难；他们明白，在幼儿时期，促进幼儿在社会、认知、语言、身体、情感和道德伦理等领域的发展至关重要，教师有意将这些发展领域融入幼儿学科的教学和学习中；优秀幼儿教师知道每个内容领域中什么是重要的，为什么重要，以及如何与幼儿在学科领域内外的早期、后期理解联系在一起；优秀幼儿教师需要准备的科目仍然是五大类，即学术（语言艺术、数学、科学、社会研究）、艺术（视觉艺术、音乐和戏剧）、健康教育、体育和技术等领域。其中对艺术领域的教学标准如下。

（一）视觉艺术（Visual Arts）

优秀的幼儿教师能敏锐地理解幼儿如何使用艺术表达的符号和形式来传达他们的想法和感受。他们以能够发展且文化适宜的方式促进儿童对视觉艺术的认识和创造。教师具有广泛的艺术背景，这使他们能够使视觉艺术成为幼儿课程的一个组成部分。他们熟悉视觉艺术的统一概念，包括颜色、纹理、线条、对称性、光线和形状。他们还熟悉各种视觉媒体，包括素描、彩绘、雕塑和电影，并且了解世界各地文化中的一些艺术历史。

---

[1]National Board for Professional Teaching Standards. Early Childhood Generalist Standards：for teachers of students ages 3—8（Third Edition）.［2021-11-08］. https://www.nbpts.org/wp-content/uploads/2017/07/EC-GEN.pdf.

优秀的幼儿教师明白，创造力是幼儿艺术表现的核心。他们为每个幼儿提供了尝试各种工具、过程和媒体的机会，他们能体会到孩子们在与他人分享自己创作的艺术作品时的喜悦和兴奋。教师与孩子们一起使用艺术材料、媒体和具体的道具作为讨论和思考引人注目的设计问题的催化剂。他们支持艺术调查，并为儿童提供机会，进行视觉艺术观察、反思、探索和创造。优秀的教师了解当孩子们探索视觉世界时，手——眼协调和身体——大脑发展的增强方式，并可以向同事和家人解释视觉艺术的许多好处。

优秀的幼儿教师能帮助孩子们观察艺术、谈论艺术、创造艺术，并在日常生活中培养他们的视觉艺术意识。优秀幼儿教师创造了一个环境，在这个环境中，无论是自然的还是虚拟的游戏，都是参与艺术活动的背景。教师帮助孩子分析和评价视觉艺术。例如，优秀的低龄儿童教师可能会让孩子们阅读一位插图画家的多本书，以理解颜色或线条的使用，而年龄更大一些的儿童的教师可能会让孩子们在多位插图画家之间比较风格。

优秀的幼儿教师帮助孩子们理解，针对视觉艺术有许多有效的审美方法和回应方式。有些孩子可能认为某件艺术品很吸引人，而其他人可能觉得无法欣赏。教师使用各种文化的例子来丰富儿童对美和审美表达的不同方法的理解。他们还帮助孩子欣赏周围世界的美，并开始塑造他们自己的审美环境。例如，可以鼓励儿童在整个社区选择并展示他们的作品。优秀的教师重视每个孩子对视觉艺术的欣赏，并将孩子的作品融入课堂。

优秀的幼儿教师利用视觉艺术拓展儿童学习的其他方面。他们寻求将视觉艺术内容和技能创造性地融入儿童日常活动和学习。例如，在数学方面，老师可能会让孩子们画图案。在社会研究中，孩子们可能会设计一面旗帜，或通过各种艺术媒介表现他们审美文化的一个方面。

（二）音乐和戏剧（Music and Drama）

优秀的幼儿教师认识到，表演艺术能够实现儿童在其他活动中无法实现的情感表达。他们努力为孩子们提供有意义和适合发展的机会，让他们参与戏剧和音乐活动。他们设计的活动反映了教育环境和当地社区中儿童的多样性，并让家庭参与表演艺术活动。

音乐是孩子们最早体验交流的方式之一——通过摇篮曲、韵律或简单的哼唱。优秀的幼儿教师知道，音乐通过歌曲、动作、交流、讲故事和表演将人们聚集在一起。他们为幼儿提供了多种机会，通过唱歌、跳舞、倾听以及使用乐器来探索音乐。幼儿教师利用音乐加强整个课程的学习和发展，并作为培养幼儿身体协调和意识、语言、阅读、记忆、空间推理、数字概念和计时等技能的媒介。优秀的教师在教授诸如计数、颜色、想法之间的关系和社交技能等概念时，也将音乐作为一种记忆工具。

优秀的幼儿教师知道，倾听是幼儿需要发展的一项基本音乐技能。因为不涉及表演，听音乐对孩子来说是一种轻松参与音乐活动的方式，而且听音乐有助于孩子学习声音和节奏的模式。教师经常为孩子们提供听音乐和欣赏音乐的机会，使他们可以扩充自己的音乐经验储备，增加谈论音乐的词汇。教师介绍各种节奏、旋律和音调，并帮助孩子区分音高、节拍和音量的差异。他们选择的音乐代表了丰富而广泛的人类经验和音乐传统。优秀的幼儿教师还利用音乐加强孩子们对其他文化和语言的学习，帮助孩子欣赏各种音乐形式和风格。

优秀的幼儿教师熟悉音乐的基本要素：韵律、节奏、音调、音质、力度和和声。他们明白音乐是一项独特的人类事业，代表着文化、爱国主义和宗教价值观，对特定时间或地点的感觉，以及与音乐相关的广泛共享的情感和体验。教师努力将音乐元素融入课程和日常生活。熟悉幼儿的教师知道，通过听音乐、唱歌、演奏乐器和跟着音乐运动，幼儿可以培养健康的互动和表达方式。

优秀的幼儿教师提供时间、空间和材料，使幼儿能够探索声音和节奏。教师通过独奏和合奏表演为幼儿提供练习声乐和器乐的机会。大多数孩子通过创造性的游戏自发地表达身体语言，优秀的幼儿教师将这种表现用作向戏剧和表演艺术的过渡。他们鼓励孩子们在听音乐的同时创作音乐，随着音乐动起来。他们为孩子们提供机会，通过唱歌和演奏乐器来表达自己。教师帮助孩子们用各种非传统的声音即兴创作短歌和器乐作品，如撕纸或敲铅笔；身体声音，如拍手或打响指；电子声音，如键盘或合成器。

优秀的幼儿教师明白，戏剧是一个过程，幼儿通过这个过程以象征的形式表达想法、愿望和冲突。他们熟悉戏剧的基本元素，包括情节、主题、人物、语言、音乐或节奏，以及场景、服装和道具等视觉元素。

优秀的幼儿教师知道，表演故事是幼儿的特点，他们理解戏剧是儿童了解生活的主要方式之一。通过创造和再现情境，扮演不同的角色，探索不同的观点，与同伴互动，安排环境，指挥行动进程，以及解决问题，孩子们可以对他们的世界有所了解。教师明白，对于幼儿来说，戏剧主要是一种即兴表演的过程，在安全的环境中培养幼儿对陌生或具有挑战性的概念或经验进行身体、社会和情感方面的探索。优秀的教师通过鼓励幼儿思考他们探索的选择和所做的决定来增强戏剧游戏的学习潜力。

优秀的幼儿教师利用他们对儿童发展、儿童个体和儿童所在社区的知识，设计和选择戏剧活动。他们提供机会、想法和道具来扩展游戏、发展想象力和鼓励创造力。他们为儿童提供了利用戏剧过程扩展学科学习的机会。他们选择能够促进团队合作、性格塑造、同理心、自信心、语言发展、想象力、解决问题能力、记忆力、审美能力和乐趣的活动。他们鼓励孩子探索不同的角色、观点和动机，认真倾听并与同龄人进行交流互动，并根据想象力调整环境。熟悉幼儿的教师引导大一点的孩子培养识别和比较戏剧中相似的人物、场景和情景的能力。

总体来看，上述 NBPTS 不同版本的优秀全科型幼儿教师在艺术教学方面的标准呈以下综合取向的特点。其一，幼儿教师艺术教学科目主要包括视觉艺术（美术或绘画）、音乐和戏剧，我国学前教育专业课程中的舞蹈是音乐和戏剧的结合。其二，强调幼儿教师对艺术的基本概念、基础知识、研究工具等方面的理解和把握，如 NBPTS 要求优秀全科型幼儿教师熟悉音乐的基本要素韵律、节拍、音调、音质、力度和和声，熟悉视觉艺术的色彩、结构、线条、对称性、光线和形状等创意元素。其三，强调幼儿教师应理解、把握并能应用幼儿艺术发展的基本经验、基本知识，如 NBPTS 要求优秀全科型幼儿教师明确创造性是儿童艺术表现的核心。其四，强调幼儿教师对艺术的理解和把握，要求以增进幼儿的艺术体验为依据和目的。如 NBPTS 要求优秀全科型幼儿教师帮助幼儿在日常生活中看艺术、谈艺术、创造艺术并发展一种视觉艺术的意识，帮助幼儿懂得各种有关视觉艺术的有效的审美方法和回应方式，提供时间、空间和材料以使儿童能够探索声音和韵律。其五，强调幼儿教师对艺术的理解和把握要符合促进幼儿身心健康、快乐成长的核心目标，要将艺术课程和其他教育领域整合。

四、结语：幼儿园教师艺术素养培养的初步探索

浙江师范大学杭州幼儿师范学院学前教育专业从 2003 年开始探索音乐、舞蹈、美术等艺术课程如何同幼儿的发展紧密结合，解决学前教育专业艺术课"姓幼"的问题。学院艺术课程团队结合幼儿园保教活动的特点和幼儿全面发展的需要，对传统学前教育专业的美术、音乐、舞蹈等课程逐步做出调整，出版了"高等学校儿童艺术教育系列教材"，在业内产生了较好的影响。2019 年，学院学前教育专业艺术团队研制编写的涵盖音乐、美术、舞蹈等各领域的"高等学校学前教育专业艺术素养系列教材"入选浙江省普通高校"十三五"新形态教材建设项目，这是学院艺术课程团队围绕学前教育专业综合艺术教育探索的最新成果。毋庸讳言，学院的艺术课程改革还没有完全达到类似 NBPTS 优秀全科型幼儿教师综合艺术素养标准的要求，但我们正朝这个方向迈开坚实的步伐。我相信，学院艺术团队的探索会给我国学前教育专业的综合艺术课程与教学改革提供有益的经验。

由于我对艺术和艺术教育缺乏研究，对这套"高等学校学前教育专业艺术素养系列教材"的具体内容本身不能妄加置喙，故，只能以上述对 NBPTS 幼儿教师艺术领域教学标准的简单介绍，作为对丛书主编希望我作序的回应。但我乐意推荐该系列教材，并切盼方家继续支持学院艺术团队的课程改革。

朱宗顺

浙江师范大学杭州幼儿师范学院（特殊教育学院）院长、教授、博士生导师

2021 年 11 月 8 日

前　言 |

　　手工制作是人类最古老、最具普遍性的综合艺术形式之一，与人们的日常生活紧密相关，伴随着人类走过了漫长的历史，不断丰富和满足着人们的精神生活和文化生活。学前教育是孩子成长至关重要的阶段，而美术手工活动则是学前教育的重要组成部分。手工活动不仅能够培养孩子的动手能力、创造力、想象力和逻辑思维能力，还能促进他们的情感发展，为他们提供表达自己想法和感受的平台。

　　党的二十大报告指出，全面贯彻党的教育方针，落实立德树人根本任务，培养德智体美劳全面发展的社会主义建设者和接班人。坚持以人民为中心发展教育，加快建设高质量教育体系，发展素质教育，促进教育公平。为深入学习贯彻习近平新时代中国特色社会主义思想和党的二十大精神，落实《关于全面加强和改进新时代学校美育工作的意见》《关于切实加强新时代高等学校美育工作的意见》，2022 年 11 月教育部印发了《高等学校公共艺术课程指导纲要》，指出公共艺术课程是我国高等教育课程体系的重要组成部分，是学校艺术教育工作的中心环节，是实施美育的主要途径，具有很强的意识形态属性，对于引导学生树立正确的历史观、民族观、国家观、文化观，提高学生的审美和人文素养，培养创新精神和实践能力，塑造健全人格，具有不可替代的价值和作用，应充分发挥公共艺术课程的育人价值，以美育人、以美化人、以美培元，培养德智体美劳全面发展的社会主义建设者和接班人。本书适应学前教育专业的艺术课程改革，在编写过程中始终围绕"以学生为中心，注重产出导向及持续发展"的育人原则，密切结合幼儿教育工作的实际需要，加强教材的实用性及与学前教育一线美术手工教学的内在联系，注重活动的设计和指导方法的详细说明。

　　本书旨在为学前教育从业者、家长以及其他对学前手工教育感兴趣的人提供一些实用的指导和灵感。我们精心挑选了各种适合学前教育的手工项目，将其分为纸工、泥工、拼贴画、教玩具、民间工艺等类别，每类手工项目基本都配有清晰的步骤和图片示范。这些手工活动既简单易行，又富有趣味性，符合儿童的认知特点，能增添教学的直观性与生动性，满足孩子们的好奇心和想象力。同时，我们还提供了一些建议和小提示，希望能够为教学或亲子活动提供一些参考和借鉴。

　　本书充分利用互联网技术，以新形态教材为载体，为一些项目附上操作视频，将教材、课堂、教学资源三者有效融合，提高学习效率及趣味性。

　　最后，我们衷心希望本书能够为学前教育提供一些有益的帮助。教育是一个充满无限可能的领域，我们相信每个孩子都有自己独特的潜能和才华，通过手工活动的引导和陪伴，他们将能够展现出自己的创造力和想象力，享受到学习的乐趣和成就感。

本书图稿除作者提供外，还参考和选用了相关资料，此外浙江师范大学儿童发展与教育学院学前教育专业的学生为部分内容手工制作了示范作品，不能一一注明，在此一并致谢。

受编者水平和实践所限，本书难免有疏漏之处，恳请广大读者指正。

目　录

第一章

纸 工

纸艺是以各种纸张、纸材质为主要材料，通过剪、折、刻、撕、拼、叠、揉、编织、压印等手段制作而成的平面或者立体的纸的艺术品。

纸艺的种类繁多：形态逼真的立体纸花，富有儿童趣味的折纸，有浓郁地方特色的剪纸，有故事情节的纸浮雕，等等。不同的纸艺作品，选用的纸的质地肌理不同，表现技法多样，呈现出别具一格的艺术魅力。

本章主要要求学生根据各种纸艺的制作工具、性能及特点，掌握制作表现方法，为以后幼儿园艺术教学和环境布置服务。

一、折纸

折纸大约起源于公元 1 世纪或 2 世纪时的中国，6 世纪时传入日本，再经由日本传到全世界。折纸是以纸为媒介的艺术活动，但现代折纸不仅限于使用纸张。各国的折纸爱好者在坚持传统材料和技法的同时，实验性地利用各种新材料，如锡箔纸、餐巾纸、醋酸薄片等。折纸与自然科学结合在一起，还发展出了折纸几何学，成为现代几何学的一个分支。

折纸既是一种艺术活动，也是一项思维活动，还是一种消遣方式。完成手工折纸不仅可以使制作者感到快乐和愉悦，还可以使观看者得到艺术享受。折纸在学前教育中被用于儿童智力开发和儿童手指肌肉训练，逐渐成为学前教育教学的技能和手段，同时被运用在幼儿园环境布置中。

（一）折纸符号

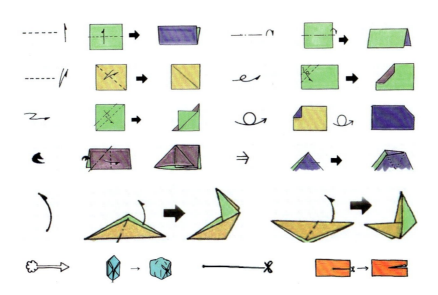

（二）基本折法

1. 两边向中线折

（1）正方形相对称的两边折中心线。

（2）两边分别向中心线对折。

（3）折成长方形。

实例：船、风车、图案花。

视频：
两边向中线折

视频：
风车变船

视频：
风车变图案花

两边向中间折

风车

船

图案花

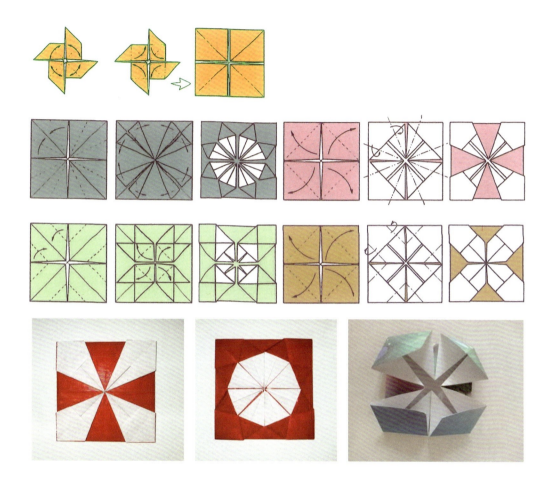

2. 四角向中心折

（1）正方形对角轻轻折一虚线，另外两角也如此，折出中心点。

（2）四角分别向中心点折。

（3）折成正方形。

实例：盒子、转盘、小孩提灯。

四角向中心折

视频：
四角向中心折

视频：
转盘

视频：
变形

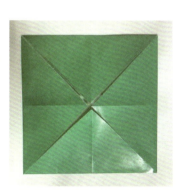

盒子

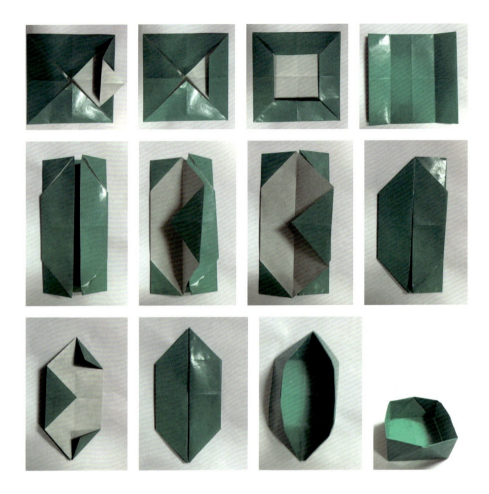

转盘

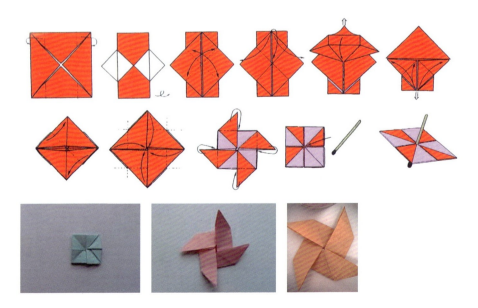

小孩提灯

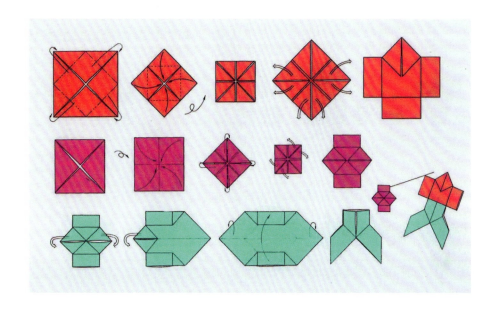

3. 集中折

（1）正方形相邻两边依虚线向对角线折。

（2）再向中心线折。

实例：会跳的鸟、鸭子、企鹅、飞机、天鹅。

集中折

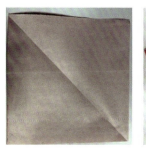

视频： 集中折　　视频： 会跳的鸟　　视频： 天鹅

会跳的鸟

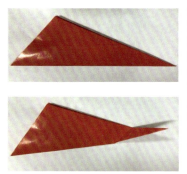

鸭子

企鹅

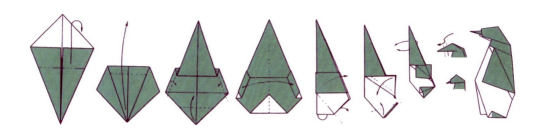

飞机

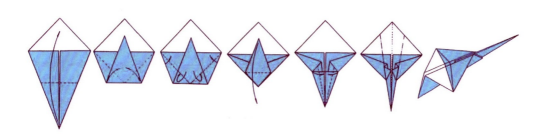

天鹅

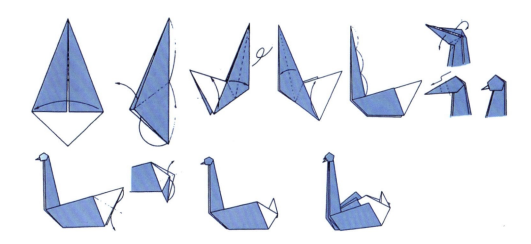

4. 对角折

（1）正方形对角折。

（2）两角向下角折。

（3）折成正方形。

实例：帽子、知了、鸟。

对角折

视频：

知了

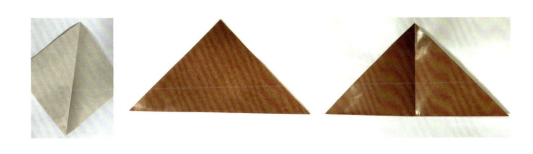

帽子

帽子

帽子

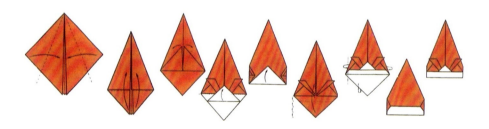

知了

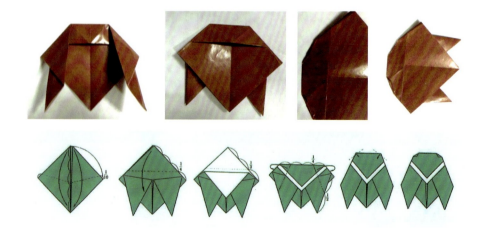

知了

鸟

5. 双正方形折

（1）正方形对边折。

（2）一角向前折，一角向后折。

（3）从中间撑开压平。

（4）折成双正方形。

实例：郁金香、箱子、花束。

视频：

郁金香

双正方形折

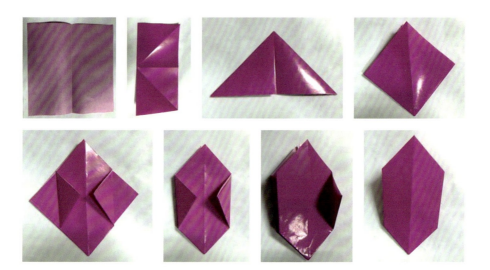

郁金香

箱子

花束

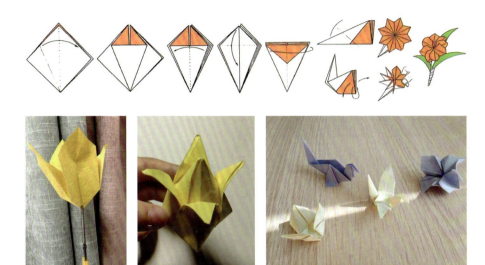

6. 双三角形折

（1）正方形对角折。
（2）依虚线一角向前折，另一角向后折。
（3）从中间撑开压平。
（4）折成双三角形。
实例：兔子、神仙鱼、蝴蝶、皮球。

视频：
兔子

双三角形折

兔子

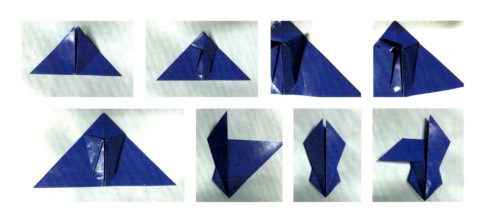

 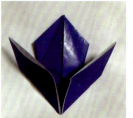 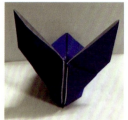

兔子

神仙鱼

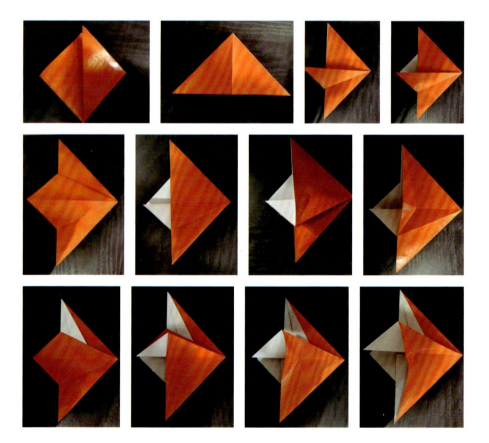

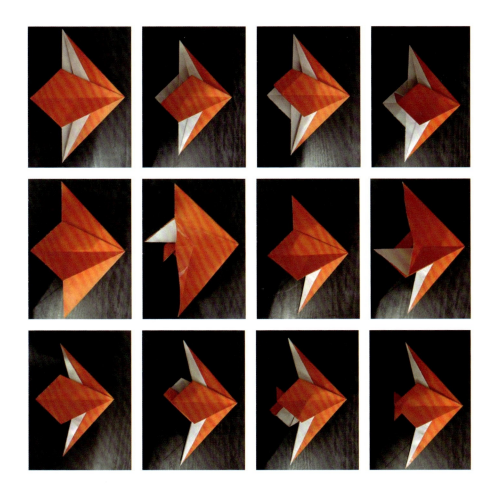

蝴蝶

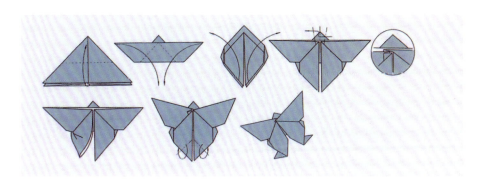

皮球

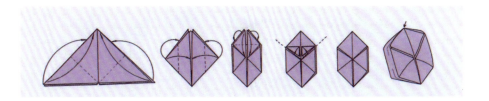

7. 单菱形折

（1）正方形对角折。

（2）四角分别向中线折。

（3）把突出的一角落向同一方向压平，另一边也同前。

（4）折成单菱形。

实例：鸽子、恐龙、海豚、鱼。

视频：

鸽子

单菱形折

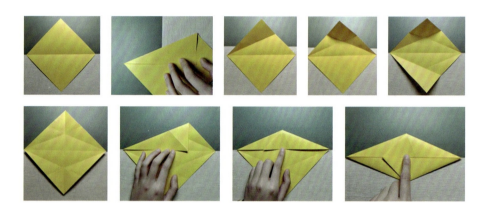

鸽子

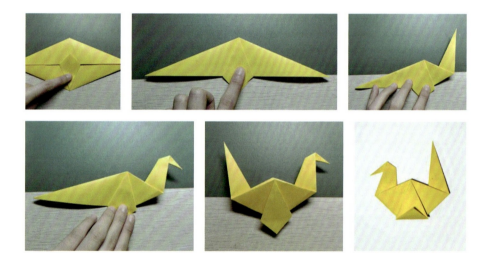

恐龙

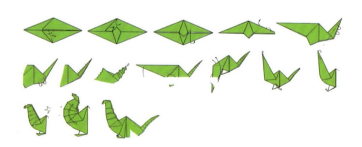

海豚

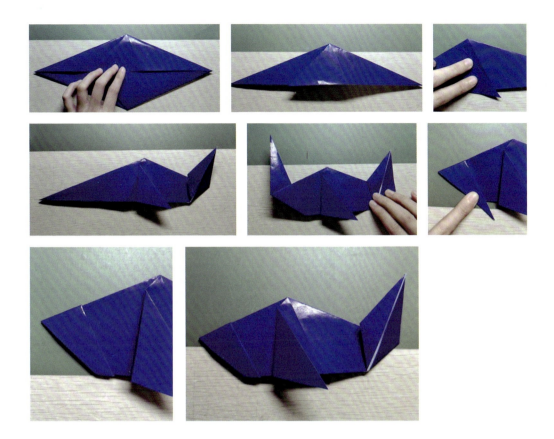

鱼

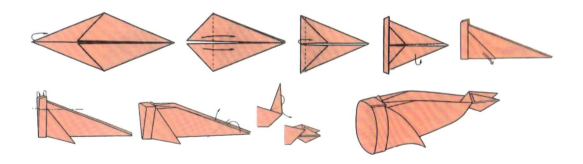

8. 双菱形折

（1）正方形对边折。

（2）依虚线一角向前折，另一角向后折。

（3）从中间撑开压平。

（4）双正方形的面层和底层，开口两边依虚线向中线内折。

（5）把上角依虚线向下拉。

（6）折成双菱形。

实例：千纸鹤、振翅鸟、星星、仙鹤。

视频：

千纸鹤

双菱形折

千纸鹤

振翅鸟

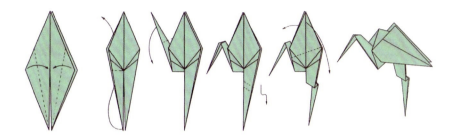

振翅鸟

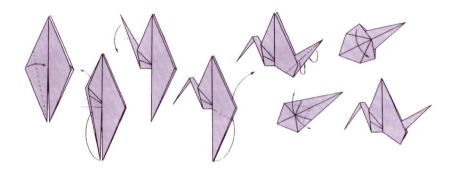

星星

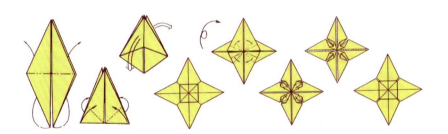

仙鹤

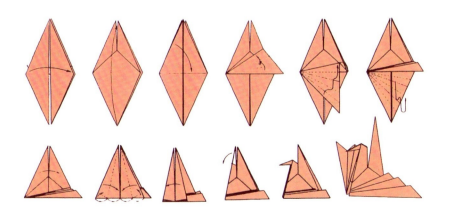

二、剪纸

世界剪纸艺术被分成了两个派系，受到中华文化影响的亚洲区域被归纳为东方流派，其他国家和地区则被划分为西方流派。东方流派剪纸玲珑剔透、变化万千，以中国、日本为代表。西方流派崇尚剪影、刻画入微，以德国、英国、法国为代表。

（一）各国剪纸

1. 中国剪纸

剪纸，是一种镂空艺术，能给人以视觉上透空的感觉和艺术享受。作为一种原始艺术载体，它在造型上总是运用夸张变形的手法，善于将不同空间、时间的物象进行组合，通过一种夸张和变形的手法来赋予对象新的性质和形式，进而改变自然原形的惯常标准。

剪纸是中国最为流行的民间艺术之一，有着深厚的艺术底蕴和悠久的历史文化，是中华民族文化遗产中重要的组成部分。《史记》中的"剪桐封弟"，记述了西周初期周成王用梧桐叶剪成"圭"赐其弟，封姬虞到唐为侯。但是，真正意义上的剪纸，应该是从纸张出现才正式开始的，西汉时期纸的发明促使了剪纸的出现、发展与普及。

中国剪纸题材多样，内容丰富。民间剪纸质朴刚健，现代剪纸新颖别致，它们都有着浓郁的生活气息和强烈的时代感。归纳中国剪纸题材寓意特点，可分为纳吉、祝福、祛邪、除恶、劝勉、警戒、趣味等七类。

剪纸因其材料易得、成本低廉、效果立见、适应面广而普遍受欢迎，在全国各地都能见到剪纸，表现各地群众的审美爱好，形成了不同地方风格流派。

（1）扬州剪纸

江苏扬州是中国剪纸流行最早的地区之一。早在唐代，扬州已有剪纸迎春的风俗，立春之日，民间剪纸为花、春蝶、春钱等。扬州剪纸题材广泛，有人物花卉、鸟兽虫鱼、奇山异景、名胜古迹等，尤以四时花卉见长。

（2）安塞剪纸

陕西延安北部安塞一带流传的剪纸。其形式很多，有窗花、门花、炕围花、挂帘花、窑顶花、桌裙花、枕花、鞋花、牌牌花、围肚花等。内容分几种：一是用于春节美化环境，吉祥如意的题材很多，如飞禽、花草、牛羊猪狗、狮子老虎等；二是用于婚娶装饰洞房的，多石榴牡丹、成双鸟禽等；三是用于制作刺绣、布玩具底样的，多双石榴、双桃、虎娃等图案；四是用于传统礼仪的，有财神爷、灶王爷，还有用作招魂的纸人等。

（3）陇东剪纸

甘肃庆阳、平凉两个地区流传的剪纸。陇东剪纸历史久远，风格粗犷夸张。题材上多飞禽走兽、民间故事、戏曲人物、四季花卉等。就其形式看有门花、炕窑花、窑顶花、箱柜花、粮囤花、灯笼花、喜花、吊帘花、礼花、寿花和刺绣用的底样等。

（4）浮山剪纸

山西浮山有"剪纸之乡"的美称。其形式有窗花、礼花等。最有特色的是十二个月"桥花"串连起来，用于儿童生日庆贺。浮山剪纸广泛用于生活中的服饰、枕头、肚兜、遮裙、钱包、鞋帽、手帕的刺绣底样，丧葬、祭礼、祈祷所需的纸幡、金银山、轿马人物、斗旗等，以及农家门帘、桌围、椅褡、盖巾、被褥、花布的刷印和剪贴图案。

（5）蔚县剪纸

河北蔚县剪纸，以窗花见长，以刻代剪，形成独特风格。蔚县剪纸以"阴刻"和"色彩点染"为主，故有"三分工七分染"之说。题材多取自戏曲人物，也有花草鱼虫、飞禽走兽等吉祥形象。

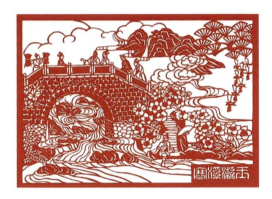

2. 日本剪纸

日本剪纸源自中国古代剪纸的传入，是在中国民间剪纸的基础上发展和创新的。日本剪纸是依附民俗和伴随庆典而出现的吉庆剪纸，也就是祝福性和装饰点缀的实用剪纸。日本现代剪纸则超越了传统民间的剪纸模式，使剪纸作品具有更多现代版画的因素，吸收西方色彩表现形式，融合了日本传统色彩的冷色调和迷人色彩，形成了不同于中国传统剪纸的概念美学。

3. 西方剪纸

欧洲大多数国家如德国、法国、英国等国的剪纸主要是剪影。剪影是剪纸的另一种表现形式，以外轮廓和黑影来表现对象的特征和表情。如人物剪影，虽然仅仅是个外轮廓，不见具体五官表情，但却能让人意会，并感悟到人物神情。

（1）法国剪纸

法国剪纸的代表是野兽派大师马蒂斯。他的剪纸基本上是一个轮廓造型，是一个夸张的剪影。马蒂斯用色纯净、强烈，对比和谐，把每一个物象都视为一个色块，使其变得非常协调，充满美感。他的剪纸实际上是另一种形式的绘画。

（2）瑞士剪纸

瑞士剪纸内容表现细腻精巧。剪纸艺术家通常先对折纸张再剪成对称的装饰图案，然后在留白的地方剪出不同的构图，最后以平面的样式呈现出来，表达故事情节。

（3）美国剪纸

美国剪纸起步比较晚，融合了不同风格，黑白分明，形象更加随意。美国剪纸少了刻板印象，多了生动趣味，内容似乎更贴近生活。美国最重要的剪纸之一是创意和有趣的剪纸，主要表现形式是一种儿童玩具性剪纸。

（二）剪纸技法

与所有纸艺类制作一样，剪纸也有自己独特的制作技法。想要在剪纸创作中随心所欲地进行创造，顺利流畅地表达自己的灵感与想法，就必须首先熟练掌握常见的剪纸技法。

1. 材料与工具

各类纸张，剪刀、刻刀、蜡盘等。

2. 剪法纹样

（1）锯齿纹

形同锯齿一样排列的纹样，有明显的方向性与运动感。这是剪纸中高难度的技法，常用于表现光芒、羽毛、斑纹。

（2）菱形纹

将纸对折，沿对折线剪"锯齿"，展开即为菱形纹。有着稳定感，能集中视觉。

（3）圆点纹

这是剪纸中的常用符号，如眼睛、花心、浪花的水珠等。单个的圆点纹有吸引视觉停留的效果。一些老艺人在剪圆点纹时，通常不把圆点剪得过于规整、光滑，避免圆点纹显得单薄、轻飘。

（4）波状纹

波状纹活跃、潇洒、轻柔，常用于表现水、云。波状纹可长可短、可续可断、可宽可窄，全凭表现对象而定。

（5）云纹

云纹有飞腾感、运动感，是常用的纹饰，既常用于表现云，又常用于表现水和抽象装饰图案。

（6）火纹

形状近似一团火。这种纹样的可塑性极大，小的是点，大的是面。

3. 分类与技法

剪纸以用纸及制作分类，可分为单色剪纸和复色剪纸二类七种。

（1）单色剪纸

就是用一种颜色的纸来剪做。可以细分为以下两种。

①折剪类。将纸折叠后剪，打开就成一张剪纸作品。

②叠剪类。将多张纸重叠在一起，钉牢后再依样稿剪出来，一次可得数张作品。

（2）复色剪纸

又称为彩色剪纸。是以数张彩纸分剪后拼贴成图；或以白纸依稿剪成，再染填上各种颜色；或先剪成主版，衬以白纸后再染填上各种颜色。可以细分为以下几种。

①衬色类。先用单色剪纸的方法剪做成图，再以彩纸为衬。

②套色类。以单色剪纸的方法剪成主版和次版的形象，再另剪色纸贴裱在主版需要的部位上；或将画稿所需的各色纸重叠在一起钉牢，再沿稿线依次剪成，择取一张为主版，贴裱在衬底上，再将其余的部分添贴在主版之上。

③拼色类。分别用色纸剪成各部分形象，再依图样贴裱在衬纸上；或将各色纸重叠在一起钉牢，再依稿剪成，拼于衬纸上。

④染色类。用易于浸渍的白纸或浅色纸剪成各种形象，再逐次染成所需的颜色；或先将纸染色，再剪成形象。

⑤填色类。先用黑色纸或深色纸剪出主版，裱贴在白纸上，再依稿填涂各种颜色；或用白纸剪成主题形象，裱贴后再填染所需颜色；也有先填色而后剪做的。

4. 折叠剪纸

折叠剪纸具有强烈的装饰性、趣味性、实用性等特点，是幼儿园美术教学和环境布置中常用的剪纸技能。

（1）对称折

将正方形的纸对折，画出形象的一半，剪下来。

视频：
蝴蝶

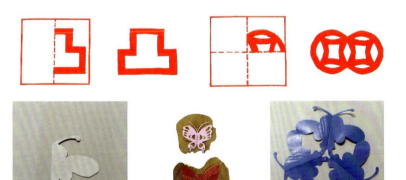

（2）四角形、八角形折

①四角形折。将正方形的纸对折、对折再对折成三角形，画上图案，剪去不要的部分即成。

视频：
四角形、八角形
折剪法

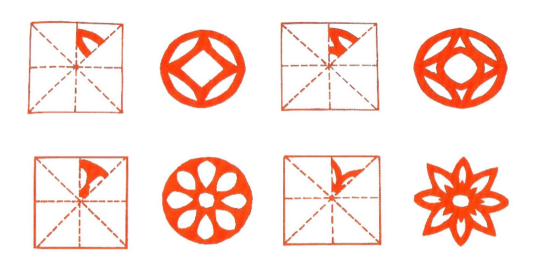

②八角形折。在四角形的基础上再对折，画纹样，剪刻。

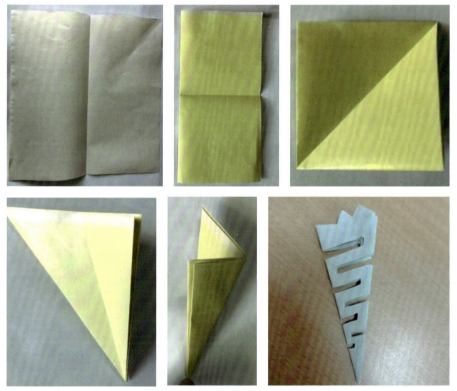

（3）三角形、六角形折

①三角形折。将正方形的纸对折，分成三等分，折好后画纹样，剪刻。

视频：

三角形、六角形
折剪法

②六角形折。将剪三角形的折纸再对折，画纹样，剪刻。

视频：
六角形剪

（4）五角形折

　　将正方形的纸对折，将上边 1/3 处与下边中点连线，沿此线斜折，再按虚线对折，最后将左下角向后折，即可剪成五角形。

视频：
五角形、十角形
折剪法

视频：
五角形折剪

（5）团花

用正方形的纸多次加以对折，设计一个纹团花样，纹样要求疏密得当，线条有粗细变化，不要剪断，使之展开即成对称的团花。

（6）花边（二方连续）

将长条纸反复折叠，并在第一折上画半个或一个纹样。先剪细部后剪粗部，先内后外，过细处可用刀刻。

视频：
拉花

（7）拉花

用四角形折叠法折好，按图示剪之，展开即成拉花。将数张拉花相粘，中间穿线拉开即成。

视频：
彩练

（8）彩练

将长形彩色纸条对边连折数次，再用剪刀上下剪开（注意不要剪断），拉开后即成一美丽的彩练。

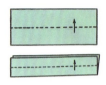

三、纸塑

纸塑是一个独立的雕塑体系，有古老的传统技法、鲜明的民族特点、独特的造型手段。纸塑材料简单易得，造型可以百变，学会基本的纸塑技能以后，每个人都可以根据自己的意愿创造性地将各种技能组合运用，再加上一些辅助材料，就能创作出各种不同的纸塑作品。纸塑通常分为干塑与湿塑两种。

（一）干塑

干塑是一种运用团、拧、捏、揉等技巧，将纸形成一定的体积，然后进行拼接，使其具有具象或抽象的立体形体的艺术活动。

1. 材料与工具

纸、辅助材料（如瓶盖、布边角料、吸管、包扎带）等，胶带、糨糊、颜料、剪刀、水粉笔、示意图。

2. 基本技能

（1）造型技能

揉。有抓揉成束与团揉成球两种。如制作大象的腿、树干等可以用抓揉成束的方法，制作圆球、动物的身体、头部等可以用团揉完成。

撕。将基本型按照作品的需要撕分成若干部分。

捏。用捏的方法塑造作品的细致部分。

拧。用拧的方法可以形成条状，且不易散开。

（2）固定技能

缠绕。完成基本形的塑造后，可以用缠绕的方法用胶带进行固定。

连接。在制作多部分组合作品时，需要用到连接的技能。既可以用缠绕的方法连接两个部分，也可以用粘贴的方法连接零件与主体。

裱糊。制作完作品的内坯后，还要对作品表面进行裱糊，即将刷过糨糊的报纸贴到内坯表面，将内坯完全覆盖，直到表面光滑平整、不留空隙为止。裱糊是制作面具、花瓶等的主要技法。

（二）实物干塑

实物干塑就是利用报纸制作仿真工艺品。它以实物为模具，可以复制一些造型较为复杂的工艺瓶罐，也可以做一些外形较简单的水果和蔬菜等。

1. 材料与工具

根据自己的需要选择表皮硬挺不吸水的蔬果或瓶罐、废报纸，胶水、颜料、抹布等。

2. 制作方法

（1）把报纸撕碎、浸湿，然后贴在物体表层。

（2）用胶水糊三层，注意粘贴时要将纸条边缘相互重叠压紧，然后晒干。

（3）晒干后用刀把外壳剖开，然后拿出模具，再合拢，糊好再晒干。

（4）最后按原型颜色涂上水粉色。

（三）湿塑

湿塑，就是用纸浆塑造各种形象，形成美丽画面。纸浆质地柔软，可塑性强，在画面上堆积的高低不同，可产生半立体的效果。

将废纸（报纸、餐巾纸等）撕碎，混着水、胶水和水粉颜料（水性颜料都可以）揉拌几十分钟，形成有颜色的泥状纸浆，即彩色湿纸泥。注意，揉拌过程要有耐心，如果胶、纸、颜料揉制不够均匀，使用效果就会大打折扣。

1. 材料与工具

各色纸浆、KT板，塑刀、牙签等。

2. 制作方法

（1）根据自己的创意，在KT板上轻轻地画上轮廓稿。

（2）将做好的各色纸浆铺放在底板上，再捏塑出理想的形状，重要的部分可以堆砌得略为高些，使其更加突显。需要注意的是，为保持画面的立体感，不要把纸浆压平，应尽量保持它本身自然的质地效果。

（3）细致的部分可用塑刀、牙签等辅助工具来完成，如在表面刻出细节、纹理等，使画面看起来更精致。

（4）图案做完后，平放在阴凉处自然风干即可。

（四）皱纹纸纸花

皱纹纸又称皱纸，是一种纸面呈现皱纹的纸张。皱纹纸由于纸张本身具有一定的延展性，所以很适合制作漂亮的花朵结构。

1. 材料与工具

皱纹纸（厚、薄）、花杆（细铁丝、吸管等），固体胶、剪刀。

视频：
纸花

2. 制作方法

（1）剪下一块 9 厘米长的皱纹纸。

视频：

纸花步骤

（2）将剪下的皱纹纸顺着纹路对折，并画上半个花瓣，用剪刀剪下。

（3）打开剪下的花瓣。

（4）拿一支笔（上下一样粗的笔都可以）放在花瓣的尖上，把花瓣卷到笔上，然后用力顶在桌面上，并用大拇指和食指使劲往下挤压（分两到三次挤压）。

（5）挤压好后将花瓣从笔上取下来。

（6）将挤压好的花瓣打开，两根食指插进花瓣的背面，两根大拇指并排放在花瓣的中心，然后两根大拇指分别向中心用力，将花瓣伸开。注意用力要轻，要均匀。

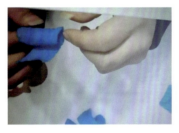

（7）将花瓣一片片分开，把剪花瓣剩下的纸卷好做成花蕊。

（8）拿起一片花瓣，将花蕊放在花瓣中间，用花瓣包好。将剩下的花瓣一片一片自然地包在花朵上。注意根部一定要捏紧，不要太松散。

3. 皱纹纸纸花欣赏

四、纸浮雕

纸浮雕是一门独特的艺术形式，以纸为材料，通过纸的折曲、挤压、剪刻等技法制作出具有层次感和立体感的纸造型作品。纸浮雕题材广泛，可表现人物、动物、景物等，塑造的形象概括、夸张，线条简练，装饰性强。

纸浮雕属半立体表现形式，一般将制作完成的立体形象粘在一个硬纸底板上。

（一）材料与工具

各色康颂纸及不同纹理、不同厚度的云纹纸、横纹纸、布纹纸、浮雕卡纸、渐层纸、棉芯纸、木纹纸等，剪刀、刻刀、直尺、圆规、镊子、铁笔、胶水、双面胶等。

（二）基本技法

使一张平面的纸变成立体形态，要借助于折、卷、粘贴等方法，而这些方法又结合点、线、面的变化派生出纸造型的丰富技法，运用这些技法可使平面的纸形成各种生动的立体形态与有趣的肌理效果。

折曲，是纸造型最基本的技法。

1. 折直线

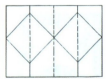

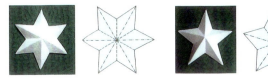

2. 折曲线

折曲线这种技法在纸造型中广泛使用。

（1）折圆，分为折同心圆、切边圆、椭圆。先用圆规画几个不同大小的圆形，剪开一条半径切口，然后再折。

在弯曲纸张时，要考虑到作品本身需要何种程度的弯曲及纸张的方向性，卷曲时才不会显得生硬。

（2）折弧线，切折痕时力度要适宜，可用无墨的圆珠笔画一条痕迹，再顺势折出山谷变化，成品才会工整美观。

（3）折锥形。主要用在画面上所要表现出凸起、尖、点的部分。除了基本圆锥形外，还可变化其外形来使用，如将尖角变化成圆形平顶。

（三）基础造型方法

1. 卷曲

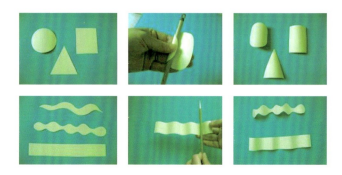

2. 切折

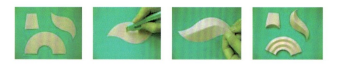

3. 围合

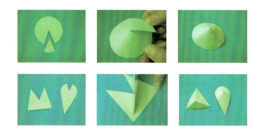

（四）基本组合方法

1. 粘贴

一般用白色固体胶粘贴。在粘贴处薄薄涂一层胶，胶不宜多，涂胶后稍等片刻再粘贴。也可用胶带纸或双面胶带粘贴。

2. 插合

利用切口互相插合。

以上介绍了纸浮雕的各种成型方法，我们应根据各种造型的需要，灵活运用。

五、纸建筑

　　用卡纸可以做成立体的建筑及其他各种物体。首先是设计图纸，然后剪刻图形，再用白胶黏合起来。制作立体模型、教具、玩具，也可做得很精细，供观赏。

第二章

泥 工

　　泥工是雕塑的一种，是利用自然黏土或人工合成可塑性强的泥料来制作立体造型的艺术活动，表现内容多以人物、动植物为主，也可以塑造场景。随着现代科技的发展，泥工使用的泥料种类日益丰富，由原先的自然黏土发展到超轻黏土、橡皮泥、雕塑油泥、软陶、纸黏土、太空泥、面泥等。

　　泥工是学前儿童艺术教育的重要组成部分，也是幼儿园教育活动中的重要内容。泥工在幼儿园教育教学中，对于培养幼儿技能技巧，开发幼儿智力，提高幼儿素质有着不可替代的重要作用。泥工活动可以让幼儿头脑、眼睛、手相互协调，促进幼儿创造力的开发。

　　幼儿泥工教学的主要特点是教幼儿手脑并用。通过泥工教学活动，教幼儿掌握用手和一些简单工具塑制各种物体形象的方法，使幼儿更好地用视觉和触觉感知物体的不同侧面，感知物体的立体性，帮助幼儿认识事物，形成立体概念，发展幼儿的空间立体感。

视频：
猫

视频：　　　　视频：
羊　　　　　水母

一、超轻黏土

　　超轻黏土是纸黏土里的一种，又称为弹跳泥，是一种无毒、无味、无刺激性的新型环保工艺材料，集陶土、纸黏土、雕塑油泥、橡皮泥等的优点于一身。

（一）基本概述

1. 特点

（1）超轻、超柔、超干净、不粘手、不留残渣。

（2）质地柔软，手感好，易捏易压，适合塑型。

（3）颜色多样，可以用基本颜色或者按比例调配各种颜色，混色容易，易操作。

（4）与其他材质的结合度高，不管是纸张、玻璃、金属，还是蕾丝、珠片，都有极佳的密合度。干燥定型以后，可用水彩、油彩、压克力颜料、指甲油等上色，有很高的包容性。

（5）不须烘烤，自然风干，干燥后不会出现裂纹，作品可以长时间保存。

2. 基本技法

（1）揉

将黏土放在两手手心中间，双手相对旋转，用力均匀、不要太大。

（2）捏

双手拇指和食指配合，用力压捏已成球型的黏土。

（3）搓

将黏土放在双手手心中，两手前后运动或一只手在桌面上压擀黏土来回运动。

（4）压

用手掌或压板将黏土压成薄薄的饼片状。

（5）剪

用剪刀将黏土剪出所需形状。

（6）挑

用牙签挑出毛茸茸的效果。

（7）刻

用工具刀在黏土上划压出痕迹。

（8）切

用工具刀将黏土切出所要的长短形状。

3. 基本形状制作

（1）圆球形

用双手掌心反复揉搓成圆球状。揉搓时，应使黏土均匀受力。圆球形状是所有黏土制作的开端。

（2）水滴形

先将黏土揉成圆球状，再将两个手掌相合，将圆球夹在手掌之间用搓法反复揉搓。双手夹角不同会揉搓出不同大小、长短的水滴。

（3）梭形

利用水滴造型方法，将两端的尖头趋于一致。

（4）正方形

先将黏土揉成小圆球状，采用捏法，双手食指和拇指配合，捏平圆球的四周，使之呈正方形。

（5）圆柱形

先将黏土揉成球形，再将双手合在一起，夹住球形反复揉搓，再用食指和拇指按平两端即可。

（6）长条形

将黏土放在平整桌面上，利用手掌反复揉搓，逐渐成为条状。揉搓时，用力均匀，要轻搓。

（7）片饼形

用擀杖或压石将圆球形擀、压成薄片。

（二）单独形象塑造

　　超轻黏土的题材应选择幼儿感兴趣的、熟悉的，形体结构要简单，形象特征要明显，塑造技能要简易。超轻黏土的风格有两种，一是写实，二是变形。由于幼儿造型能力的局限和手部小肌肉群的生理特征，幼儿的泥工作品不可能十分写实，一般都具有无意识的变形和夸张。而这无意识的变形和夸张正是幼儿泥工的可爱之处，教师要加以鼓励和肯定，以充分发挥超轻黏土制作的随意性、生动性和装饰性，使其具有独特的情调和魅力。

　　在超轻黏土的制作过程中，还可以适当地选用辅助材料，如火柴梗、羽毛、豆子、树枝、塑料吸管等。

视频：
章鱼

1. 章鱼

2. 小恐龙

3. 一些动物

视频：
小鸟

视频：
戏剧人物

4. 戏剧人物

5. 戏剧人物头饰

6. 蜡笔小新

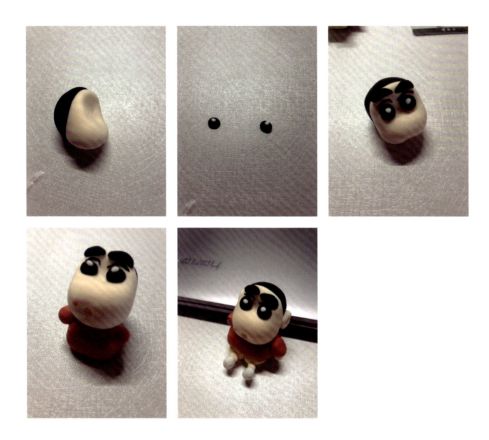

7. 小女孩

8. 小丑

9. 马里奥

（三）组合（场景）

　　超轻黏土场景是用不同形象设计组合成一个作品，可以用来装饰和美化幼儿园教室、幼儿房间。它的线刻是绘画与雕塑的结合，主要是在团、挂的基础上，运用压的技法，使黏土层层相叠，如鸟的羽毛；也可以运用刻、捏等技法，创作出丰富多彩的作品。

二、橡皮泥

　　橡皮泥主要以碳酸钙等为原料，以液体石蜡为润滑性成分，与甘油等配制而成。橡皮泥不仅具有极强的可塑性，同时具有不溶于水的特点，是幼儿学习手工的好工具。

　　制作工具：橡皮泥、刀片、钉子、木杆、卡纸等。

三、陶艺

陶艺是陶瓷艺术的简称，广泛讲是中国传统古老文化与现代艺术结合的艺术形式。陶瓷艺术是一门综合艺术，经历了一个复杂而漫长的文化积淀历程。它与绘画、雕塑、设计以及其他工艺美术等都有着无法割舍的传承与比照关系。我国的陶艺具有悠久的历史。简单的陶艺制作需要练泥机、转轮、碾辊、泥板机、刮刀和修形刀、陶拍、拉坯机、桶等。

幼儿陶艺是一种孩子喜欢的游戏，一个可以激发孩子潜力的途径。陶艺是手、眼、脑协调互动的过程，学陶艺的过程不仅可以开发幼儿的智力，还可以发展他们的感知力、观察力和创造力，提高幼儿的动手能力。幼儿玩泥的过程，就是将自身的经历体验重新组合，并赋予新的意义的过程。而幼儿的陶艺作品是幼儿自我的一个部分，表现其思想、情感、兴趣和对外部世界的认识。幼儿陶艺活动需要想象和创造，幼儿陶艺作品的魅力就在于其充满丰富甚至离奇的想象力。

陶艺的制作方法有捏塑成型法、泥条成型法、拉坯成型法、泥板成型法、模具成型法等。我们学习捏塑成型法，这是最根本、最直接的办法，也最直接地表达作者的手法和构想。

第三章

拼贴画

拼贴画又叫剪贴画，它是以各种材料拼贴而成的装饰艺术，被称为"20世纪最富灵性和活力的艺术形式之一"。

在西方，拼贴画属于现代派艺术范畴。20世纪初期，毕加索和布拉克把拼贴画技艺发展为立体主义艺术的一个重要方面。至20世纪60年代，拼贴画成为流行艺术表现的一种重要形式。在中国，拼贴画则属于工艺美术范畴。

拼贴画选择贝壳、羽毛、树皮、纸、织物等天然或人造材料等各种物质材料，利用其质感、肌理、色彩上的美感，通过组合、拼贴、构成，进行构思设计，创作成工艺作品。拼贴画能丰富幼儿的审美体验，开发艺术潜质，是幼儿园里深受幼儿喜欢的教学活动之一。

拼贴画可以表现的内容和范围很广泛，不论是具象形式还是抽象形式，只要认真观察和思考，发现材料不同的形态和不同美感，就能通过各种制作方法和手段，使材料焕发出新的生命，创作新的画面。拼贴画在提高幼儿造型能力的基础上，又深化了他们情感表达与形式美感的创造能力。拼贴画充满变化和趣味性，鼓励个性，不仅能最大限度地发挥幼儿自由想象的空间、活跃他们的形象思维能力，而且锻炼了幼儿动手能力，对培养幼儿的创造能力和创新意识有重要作用。

拼贴画的种类有布贴画、纸贴画、线贴画、叶贴画、谷类贴画、果壳贴画、综合材料贴画等。在制作拼贴画之前要准备好材料，确定类别，确定设计构思、题材、画面大小等。色彩搭配要鲜艳、协调，造型要活泼可爱，构图要完整，制作过程要精心细致，这样才能制作出一幅好的拼贴画。

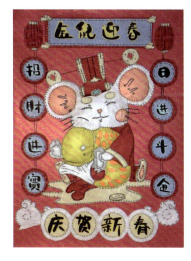

一、纸贴画

纸贴画是拼贴画中取材和制作都比较容易的一种贴画。纸贴画是中国民间剪纸的延续和发展，过期的挂历、画报、报纸、即时贴及各种美术用纸等都可以用来制作，利用不同色彩、明暗、肌理的各色纸材料，运用剪刀、胶水等工具进行拼贴、组合和重叠粘合。可以制作成花卉、人物、风景、动物等题材的作品，具有工艺性、绘画性、装饰性的艺术表现，具有三维立体的效果。

（一）材料与工具

各类挂历、画报、报纸、装饰纸、卡纸、瓦楞纸等，以平整、厚薄适度为宜；剪刀、刻刀（美工刀）、镊子、大小笔刷、胶水等。

（二）制作方法

1. 构思（构图）

首先构思作品的题材，确定题材后就按照画面的要求去找材料。

2. 起稿

构思好后在卡纸上用铅笔勾勒轮廓，并在别的纸上配好色彩稿，也可以找现成的范本。

3. 剪、撕纸

根据画面的色彩稿，选择色彩类似的彩色纸或旧画报，将其剪或撕成很多小块。剪、撕时请注意剪、撕的形状与大小要基本统一。

4. 拼贴

拼贴过程要分块进行，即先剪、撕，撕完后再进行拼贴，然后再进行其他部分的制作，一直到最后塑造完成。

贴时要有序，避免杂乱无章；纸与纸之间要留有一定空隙，体现出撕纸的效果：色彩过渡要自然，产生渐变、动感的效果。可以借鉴点彩派的方法，产生丰富、绚丽的色彩变化。

5. 调整

由于在拼贴过程中较多关注局部的形象，往往会忽略整体的关系，此时应对画面做整体的调整，使画面主体突出、色彩和谐，更加完善。

  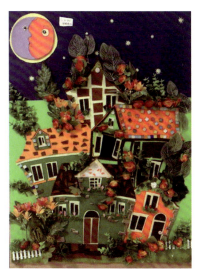

二、皱纹纸贴画

皱纹纸贴画就是用各种颜色的皱纹纸搓成纸线，然后用编、绕、撒等手法将纸线粘贴成各种形状而形成的装饰画。

（一）材料与工具

各色皱纹纸、卡纸等，剪刀、胶水、双面胶等。

（二）制作方法

（1）先把皱纹纸剪成两指宽（2厘米）的纸条，然后搓成纸线备用。

（2）选一张厚一点的卡纸用铅笔画出基本轮廓。

（3）在要粘贴的地方涂上固体胶，也可以贴双面胶。注意，固体胶很容易干，粘贴的时候应涂一小块贴一小块。

（4）选择搓好的皱纹纸线，按顺序分块粘贴形象。

（5）待各色块全部粘贴完后，再进行整体的调整。

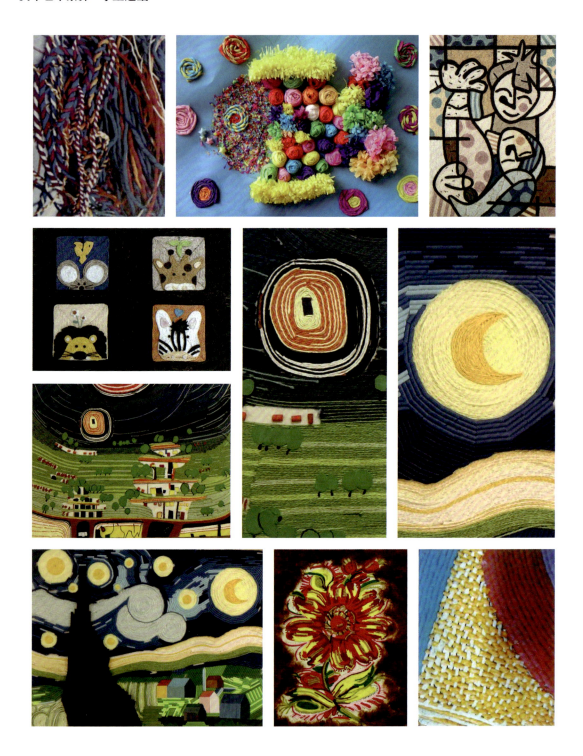

三、衍纸画

衍纸又叫作卷纸，是纸艺大家族中比较特别的一项。它是一门非常古老的手工艺，有很多资料都显示其来源于古埃及。

衍纸就是通过卷曲、弯曲、捏压而形成原始设计形象的一门折纸艺术。想要学好衍纸，需要先学会用薄的纸条制作各种基础造型，然后利用这些基础造型按照事先设计好的图纸制作出想要的衍纸作品。

（一）材料与工具

双面卡纸、单面卡纸、装饰纸、铜版纸等，美工刀、垫板、胶水、镊子等。

（二）制作方法

（1）准备很多颜色漂亮的衍纸。

（2）设计草稿时考虑运用线的特点来构图，力求简洁、概括，粗细、疏密协调。用铅笔在纸板上面打上草稿。

（3）将剪裁好的纸条一边粘上白乳胶，也可以用固体胶。

（4）用镊子小心地将纸条与画上的线条粘在一起。

（5）先将画的轮廓粘好。

（6）用纸条或是做好的衍纸圈圈来填充画。

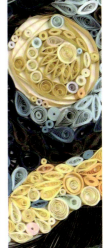

四、布贴画

布贴画又叫布堆画、布贴花。布贴画色彩丰富鲜艳，剪贴的边线明朗整洁，富有木刻版画的刀木特点，是中国民间常见的手工艺术之一。

独具代表性的陕西省级非物质文化遗产延川布贴画，在当地传统民间剪纸、刺绣、壁画、布贴工艺的基础上，从生活出发，就地取材，采用不同色彩、不同质地、不同形状的布块，通过布缝和补花布饰的手工艺，创造出画面具有浮雕感的布贴画。所谓布缝，就是大面积的拼贴，包括贴块、缝合、镶花和拼接；所谓补花，就是小面积的花饰纹样点缀，即在一块底布上贴、缝、镶上有布纹样的布片。

制作布贴画时要充分发挥各种布料的质地、纹路、色彩等效用，量材做贴画。

（一）材料与工具

各种碎布料、蓬松棉等，剪刀、美工刀、胶水、镊子、铅笔、白纸、复写纸、纸板等。

（二）制作方法

（1）先进行构思，构思内容在画稿纸上描画。图案既可以根据自己的喜好设计，也可以参考一些简单的成品画。

（2）根据构图选择使用的布料，可以是棉布，也可以是化纤布、金丝绒面料、绸缎布等。

（3）把复写纸垫在底图和纸板中间，画出自己喜欢的形状，把这些形状剪下来就是拓描图案了。

（4）在图案上粘贴填充物。在图案的周边抹上一层胶水，将作品粘贴上去。

（5）除了布料之外，还可以利用各种零碎材料进行装饰，如纽扣、绳结、丝线、珠子等，尽量让画面活泼生动。

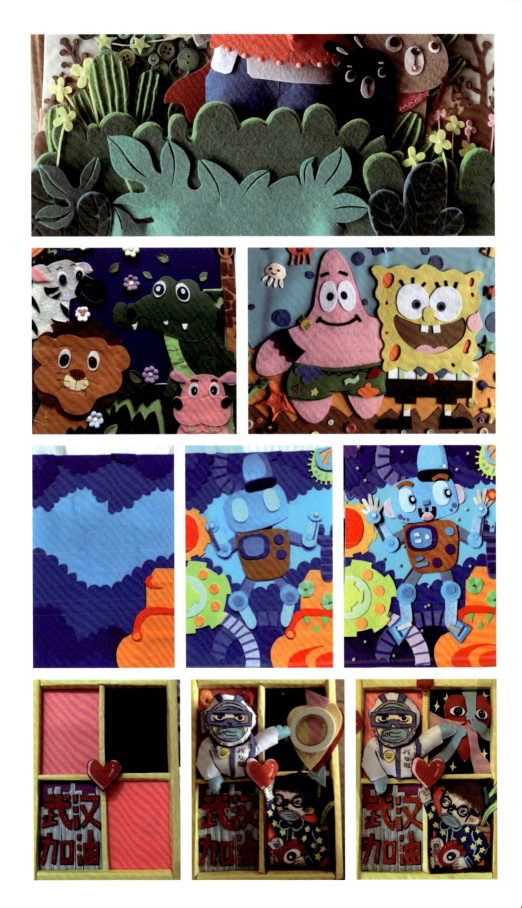

五、蛋壳贴画

　　蛋壳贴画是利用蛋壳特有的色彩进行粘贴，特点是取材方便、制作简单、效果精美。天然蛋壳有白色、淡赭色、粉红色、淡青色、暗红色、深褐色等颜色，还有带花纹的，制作时如果再配以一定的颜色、油漆，则效果更佳。

　　制作蛋壳贴画最重要的就是准备工作，鸡蛋壳一定要先用水泡，然后撕去内膜。生熟鸡蛋的蛋壳区别不是很大，是否精美要看图纸的选择。想要作品不粗糙，就一定要有耐心，不浮躁。

（一）基本技法

　　镶嵌贴法、镂空贴法、星点贴法等。

（二）制作过程

（1）洗净晾干蛋壳，撕去蛋壳内的薄膜。

（2）在白纸上画出喜欢的图案。

（3）将图案拷贝到彩色卡纸上，卡纸的颜色要深一些。

（4）用小毛笔蘸胶水涂在卡纸上，胶水要涂得厚，但面积不要涂太大。

（5）掰一小块蛋壳放在胶水上。

（6）用镊子把蛋壳压碎，把蛋壳按照设计的图形排好。

（7）蛋壳的裂纹可大可小，关键是边缘一定要对齐。

（8）不同部位可以用不同颜色的蛋壳粘贴。用彩色水笔勾边，按蛋壳碎片的形状上色。

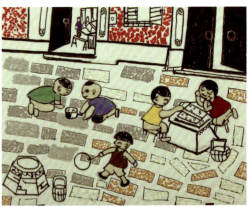

六、叶贴画

全世界共有 40 余万种植物，每一种植物都有它特定的形态和色彩，例如披针形、倒披针形、卵形、倒卵形、圆形、椭圆形、三角形等 20 多种叶形。有的叶缘还有多种变化，有锯齿形、波纹形、缺刻形；有的表面光滑，有的布满茸毛；有的坚挺，有的柔软……叶贴画主要就是利用植物的叶片，根据不同植物叶片的纹路与颜色进行组合，拼接出图案，然后贴在背景画纸上制作的美术作品。叶贴画除了利用不同样式、不同颜色的叶片外，还利用植物的花朵、茎干、枝条等材料进行制作。

制作要点：

（1）制作叶贴画，首先得采集各种植物枝叶。不仅要采集那些有特色的叶片，还要采集那些不太有特点，甚至很一般的叶片，因为这些叶片在制作时往往会起到意想不到的艺术效果。

（2）经过整理后的材料，要用吸水纸层层叠放，用夹板捆住压实，有条件的放入烘箱内烘干，没条件的则放到阳光下自然风干。经过上述加工、整理的材料就能用于叶贴画的制作了。

（3）制作叶贴画，要尽可能地保留和利用植物枝叶原有的形态特征，必要时可以对某些材料进行一定程度的剪切、拼接、重叠。

七、谷物、豆类及其他种子贴画

谷物、豆类及各种其他种子的质地和光泽各有不同，加之材质本身的自然美，由它们所构成的画面很富有装饰性和乡土气息。谷物和豆类用前不能水洗，以免褪色、皱皮，但根据画面需要也可染色、晾干后使用。不要过于复杂，一般以保持谷物和豆类天然的色彩为佳。

（一）材料与工具

谷物、豆类及各种其他种子，胶水、镊子、毛笔、三合板、硬纸板等。

（二）制作方法

（1）可直接在底板上画出图形轮廓，笔迹尽量轻，构图尽量简洁，画面装饰性要强。

（2）用毛笔在轮廓线上涂上胶水，再将材料一颗颗摆上去，依次填满轮廓线内的空间。制作时要细心、耐心，力求做出好作品，让人感受生活中的美。

八、综合材料拼贴画

综合拼贴是综合材料艺术中常见的一种艺术手法，将材料通过粘贴拼凑的形式表达作品独特的艺术语言。综合材料拼贴画就是用各种不同的材料拼贴而成的装饰画。

综合材料拼贴作为独立的艺术表现手段，已经走出传统技法的应用和方式而走向多个领域和多种表现形式。我们对于综合拼贴这种技法的认识已经不只是停留在传统的纸质糊贴，综合拼贴艺术材料的多样性，以及它带给我们的影响远远大于其方法本身。

（一）材料与工具

各种不同的纸张、布料、塑料片、KT板等，美工刀、剪刀、镊子、胶水等。

（二）制作方法

（1）设计草图，也可以根据现成的画进行改编再创作。
（2）根据形象选定不同的材料。
（3）分块剪贴。分别对画面中的每个形象进行剪贴制作。
（4）画面整体组合。将分块剪贴的形象组合成完整的画面，注意先粘贴远的景物，后粘贴近的物体与形象。
（5）画面调整。

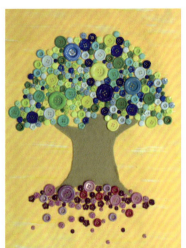

第四章

教玩具制作

教玩具，就是配合教学使用的玩具，主要用在幼儿园和中小学劳技课、实验课和课外体育活动上。教玩具按用途分为教具和玩具。

教具是以传播科技、教育人为目的的实物，作为教师辅助教学的用具，有着不可替代的作用。教师根据需要把教具纳入教学过程，立足实际，选择并适时使用教具，能激发学生学习兴趣，突出教学重点，突破教学难点，优化课堂教学结构，发展学生创新思维力，有效提高教学质量和效率。

玩具是每个幼儿的伙伴，不但可以给幼儿营造既轻松又愉快的环境，还能让幼儿尽情地玩耍，让他们结交更多的朋友，利于培养良好的同伴关系，充分发挥他们的想象力和创造力，从而在"玩"中潜移默化地学到更多的知识。

自制教玩具是幼儿园教师的基本功之一，也是幼儿园开展直观教学和游戏活动的重要内容。教师自制教玩具时，应当遵循教育性、科学性、趣味性、简易性、安全性相结合的原则，不断提高自身专业素质与自制教玩具的理论知识、技能，注意知识、概念与原理的正确性，根据幼儿园教学活动内容、活动目标，设计出符合幼儿身心发展特点和水平的好玩的教玩具。教师还应始终坚持"变废为宝"，利用废旧材料制作具有多功能性、趣味性、参与性、自主性、开放性等特点的教玩具，灵活地运用到各个教学活动中，这样不但能有效促进幼儿身心多元化发展，还能激发幼儿探索欲。

幼儿园自制教玩具的内容十分广泛，有配合教学活动的教具与活动室布置用具，配合角色游戏、表演游戏的玩具，配合结构游戏、智力游戏的玩具，配合体育游戏、娱乐游戏的玩具，等等。我们在自制教玩具时应注意：在内容和形式方面，必须符合幼儿活动的需要、幼儿的认识水平和玩赏能力；在选材方面，应考虑就地取材，尽量利用一些废旧材料；在结构设计方面，应尽量遵循简单、便于制作和牢固的原则；在形式方面，造型应简洁生动，色彩宜鲜明；必须选择一些干净、卫生、无毒、无害、无危险性的材料，注意玻璃、铁丝、易拉罐等易碎或尖利的特点，避免伤到幼儿。

在现代生活中，我们周围的自然环境及社会生活无时无刻不在发生着巨大变化，废旧物也已成为我们生活中极为普遍和司空见惯的东西。这些废旧物看似已失去使用价值，但当我们从创造的角度重新审视和利用它们时，会发现它们可以为我们创造新事物提供新的视角。这一发现取决于我们的观察分析能力和形象思维能力，其为工艺制作提供了另一种材料。如各种纸类、纺织物、橡胶、塑料、海绵、乒乓球、蛋壳、竹木、金属等，都可以用来制作教玩具。

对废旧物进行再设计改造，首先要对它们重新加以审视，以便从新的角度获取运用这材料的方法。一般体现在以下几个方面。

1. 材质

大致可分金属、塑料、纸张、织物、纤维、木材等，其中一部分属于软质材料，一部分属于硬质材料。在对这些材料进行加工前，先要了解它们的特性，以便确定该采用何种方法，如锯、剪、切、粘、编、折、插、缝等。只有先了解了材料，才能更好地体现它们的材质和美感。

2. 肌理与色彩

肌理是材料本身的特征，材料的质地不同，其纹理效果也不同，在造型中应恰当利用，尽显其自然的美感。色彩主要体现在自然本色和人为的搭配上，一般以利用材料自然本色效果为佳。

3. 构思与设计

构思是指人们头脑中的思考和构想。设计是构思结果的实施，包含对材料的加工，是一种创造性的劳动。构思与设计均来源于生活。

（1）联想法。从生活中的实物联想到用适合的废旧材料进行创作。

（2）命题法。确定好题目后再收集材料。

（3）材料法。偶然看到某种材料而引发的制作欲望。

（4）完善法。参考别人的作品，进一步修改完善使之成为更有新意的作品。

废旧物是再设计、制作的基础，充分利用好材料的特性，赋予它们新的艺术生命力，就能创作出或质朴，或精巧，或粗犷，或可爱的作品。

 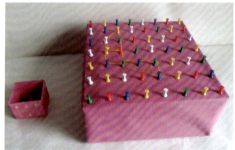 

 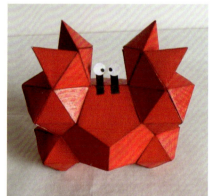 

一、纸盒造型

随着生活水平的提高，各种商品的包装也是越来越精致美观、形新质好，如各类电器、食品、药品、饮料等的包装盒，经常让人不忍丢弃。现在，让我们把这些包装盒收集起来，按照自己的构思设计，再加上一些彩纸、布料、塑料片等材料，进行新的创作。

创作时可采用前面讲过的联想法、命题法、完善法等方法。如用命题法进行创作：在节日的联欢会上，小朋友需要一条龙来表演节目，可以找来饼干盒或饮料的包装箱，设计制作成一条中国龙的形象。

（一）材料与工具

 各类形状的包装盒和包装箱、彩纸、塑料片、即时贴等，剪刀、刻刀、胶水等。

（二）制作方法

（1）根据创作方法设计形象，画出基本形象造型。
（2）利用剪、切割、卷曲、插接、粘贴、组合等技法进行制作。
（3）调整形态和色彩，检查是否牢固，最后进行装饰、美化。

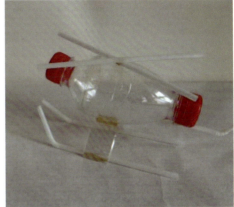

二、易拉罐造型

　　易拉罐具有平薄、有弹性、有光泽等特点，是我们进行手工制作的理想材料。易拉罐的外表面常印有鲜艳的彩色图案，里面均为有金属光泽的铝合金本色，设计时，两面均可利用。易拉罐皮方便剪刻，容易折叠，但不宜反复，否则会断裂。

　　易拉罐也有各种各样的形状，先要观察它像什么，然后展开联想，待有巧妙构思后，就尽快动手设计、制作。

视频：　　　视频：
灯笼　　　　相框

三、其他废旧物造型

生活中除了最常见的纸盒、易拉罐外，还有很多其他废旧材料，如果巧妙加以利用，就能不断产生新奇效果。一般物体都是由一些简单的基本形态构成的，将若干大小不等、形态各异的几何形体组合起来，就可以形成各种动物、人物、建筑等造型。

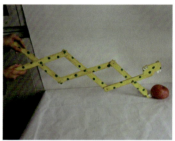

四、灯彩造型

灯彩和挂饰不仅可以营造节日气氛，还可以用来布置日常环境，特别受幼儿园小朋友欢迎。如桃花纸可做成简单的五星灯、兔灯、荷花灯等。

（一）五星灯

1. 材料与工具

竹条、桃花纸，胶水、剪刀等。

2. 制作方法

（1）取 10 根等长的竹条扎成两个平面的五角星形，另取 12 根等长的短竹条做横骨，再将两个五角星连扎在一起。

（2）将纸裁好，然后糊纸。糊纸时先糊侧面，后糊正面，注意底部不要糊纸，留出放蜡烛的地方。

（3）裱糊平整后，挂上灯须。

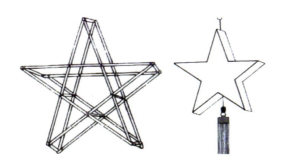

（二）吹塑纸灯彩

除桃花纸外，色彩鲜艳、外表光滑的吹塑纸也可以用来做漂亮的灯彩。

1. 材料与工具

吹塑纸、流苏，圆规、直尺、美工刀等。

2. 制作方法

（1）用圆规画圆，再刻出 7 个等大的圆形，将其中 6 片对折后剪出插口。

（2）剩下 1 片做主片，分刻出 12 等分。

（3）添加动物等形象，造型要大于圆球形，剪出插口，长度是造型宽度的 1/2。主片上也增加一条等长的插口。

（4）插好后，挂上流苏即可。

五、木偶造型

木偶活动非常适合幼儿的年龄特点，木偶艺术也深受幼儿的喜爱。在幼儿园开展木偶制作活动很有必要，它能丰富幼儿情感，使幼儿形成良好的个性品质。

木偶种类很多，有泡沫塑料木偶、乒乓球木偶、折纸木偶、手套木偶等，下面以泡沫塑料木偶制作为例。

（一）材料与工具

聚苯乙烯泡沫塑料、绒布、纽扣、0 号细木砂纸等，胶水、美工刀、木锉刀等。

（二）制作方法

1. 设计木偶造型

先在纸上设计所需的木偶造型，拿一块 10 厘米左右的立方体泡沫塑料，按照设计好的图样在上面勾画出轮廓。

2. 削出头型

用美工刀削出雏形，再用木锉刀锉出所需要的形状，然后用 0 号细木砂纸把表面磨光。

3. 包布

根据不同形象的肤色，选择不同颜色和质地的布料（呢、绒、毛料等）。最好选取具有绒感、拉力强的碎布料，不要选没有弹力的丝绸、尼龙布料。将胶水涂在头型上，然后用布料从前往后、从上到下包起来，这样接缝处就集中在了脑后。接缝处应尽量集中，最后用刀修平。

4. 装指管

木偶的颈部（指管）可用硬纸板卷成直径2厘米～2.5厘米、长8厘米的纸筒，再用和脸布一样色彩、质地的布包上。在头的下面（颈部位置）挖一个直径为25厘米的圆孔，里面涂上胶水，再把指管插装进去，颈部外端留出3厘米～4厘米即可。

5. 装五官

五官可以另做附件贴上去，如鼻、耳等突出的部位可以用布缝制或用海绵制作，也可以用塑料泡沫削制再安装上去。安装时先用刀片划开，把附件物插入的一端涂上胶水，镶嵌进去。

6. 其他装饰

五官装配完后，要对脸部进行调整和装饰，例如可用胭脂粉在人物脸部的两颊上轻轻擦上一些红晕。动物的形象则可以根据不同动物的特征加以装饰，使其更具童趣。

六、蔬果造型

自然界中的蔬菜、瓜果，不仅是我们生活中的必需品，还能带给我们美的享受和美的联想。

我们可以选一些造型和色彩均有特色的蔬菜、水果，充分利用其自然形态进行创作，采用刻、剪、插、接、拼、贴等手法，制作出富有自然美与艺术美的造型。

（一）材料与工具

各种蔬菜、水果及种子、豆类等辅助材料，小刀、剪刀、牙签等。

（二）制作方法

1. 整体添加法

指充分利用蔬果原来的形状和色彩，再根据需要适当添加一些辅助造型材料，如人物的五官、头发、胡子、衣服等。这种方法对材料的选取和制作的联想力要求较高。

2. 切割添加法

过程与整体添加法基本相同，只是还要在蔬果主体上进行切割，然后使之变形。

3. 组合切割添加法

两个或两个以上不同形状的蔬果，依据构思、设计，进行插接、添加、切割，制作出有趣的人物和动物造型。

七、头饰制作

在幼儿园的表演和游戏活动中，经常需要用头饰来装扮各种动物和人物的形象。造型生动、色彩鲜艳、便于佩戴的头饰，取材方便、制作简单，很适合幼儿进行小型表演，是幼儿园活动时不可缺少的一种道具。

头饰有平面头饰和立体头饰两种。

（一）平面头饰

先用画或剪贴的方式塑造形象，然后将形象固定在箍带上即可。

（二）立体头饰

一般采用立体纸工和卷筒的方法，塑造立体形象，还可用花布、羽毛、彩纸等进行装饰。

第五章

民间工艺制作

　　民间工艺是在民间流传的极具生命力的技艺，如扎染、蜡染、刺绣、编织等，它们凝聚了劳动人民的智慧和对美的追求以及对生活的美好愿望。民间工艺是实用性和装饰性相结合的一种造型艺术。它历史悠久，是人类自古以来就存在的生活形态之一。民间工艺品通常都是就地取材，且构思巧妙，具有深厚的文化内涵。经过漫长的社会发展后，这些工艺品已从原来的生活实用品演变为今日的精美艺术品。

　　民间工艺品种类多，不仅有泥人、风车、风筝、面塑、纸艺、布艺、糖人、香包、竹艺、木艺等，还有益智的七巧板、九连环及一些废旧材料的利用等。

　　民间工艺品多数制作较为简便，可以用来丰富幼儿在园的学习和生活内容。让幼儿亲手制作民间工艺品，不仅可以培养幼儿的动手能力和技艺情趣，使幼儿在创造性的劳动中得到乐趣，同时可以发展幼儿手、眼、脑的协调能力，还可以培养幼儿热爱劳动、热爱家乡、热爱祖国的美好情感。

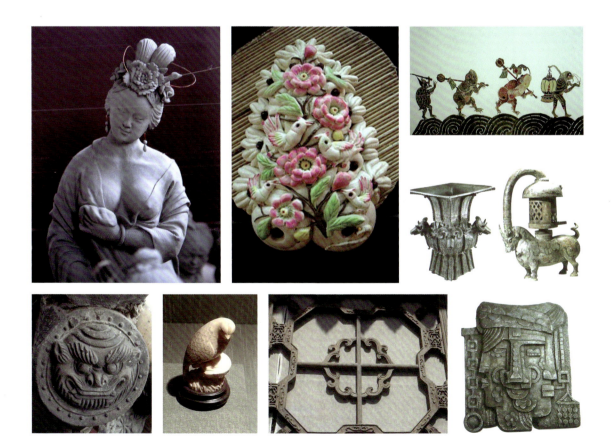

一、风筝

风筝是一种由线牵引控制，借助风力能在空中飞翔的工艺品。它也是老少皆宜的一种娱乐玩具。我国的风筝制作有两千多年的历史，美丽的风筝充分体现了劳动人民的智慧和才能。

风筝的种类很多，有板子类（方形、菱形）、硬翅类、软翅类、立体类、龙串类等。

（一）材料与工具

细竹条、纸、布、线绳，剪刀、画笔等。

（二）制作方法

（1）先用细竹条扎好骨架。
（2）糊纸。可用皮纸，也可用生绢、尼龙布、无纺布等。
（3）绘制过程可以先糊白纸再绘画，也可以先绘画再糊纸。

二、扎染

扎染是一种古老的民间染织工艺，它是把布料捆扎后，经煮染制作成花纹，因此得名。它色彩朴实、自然大方、肌理效果明显，具有浓厚的乡土气息和民族韵味。其制作过程方便、简单，在一般条件下都可以完成。

（一）材料与工具

白棉布、染料、线绳，锅、电炉等。

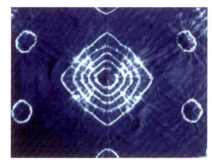

（二）制作方法

1. 图案

不宜太精细，要简洁，用铅笔直接画在布上。

2. 撮扎

把需要扎的部分抓起来，用线扎紧。

3. 煮染

在开水里加上染料和盐，把握好时间（根据布的厚度）。

4. 漂洗

煮好后放进清水里洗净，晒干。

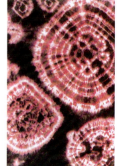

三、蜡染

蜡染是以蜡作为防染剂，在织物上绘制形成防染层，染色后去蜡而得本色纹样的一种印染方法。它具有粗犷纯朴的民族特色。

（一）材料与工具

白棉布、石蜡和蜂蜡（掺和使用效果更好）、染料，蜡壶、毛笔、木框、锅、电炉等。

（二）制作方法

1. 图案设计
先设计好图案，可借鉴少数民族传统图案，用铅笔直接画在布上。

2. 熔蜡
把蜡放在搪瓷盆里，在电炉上加热，蜡液的温度要保持适中。

3. 绘制、染色
按照图案用毛笔画蜡，也可用蜡刀、蜡壶等画蜡。完成后把布料从木框上轻轻取下，以防止画面出现过多的蜡裂纹。浸入清水中浸泡几分钟。用热水配好染料，加入食盐拌匀，将布料浸染 30 分钟，再加入小苏打染 10 分钟。染好后取出布料，在盆中晾放 10 分钟，再用清水冲洗。

4. 脱蜡
在水盆中放少量洗衣粉，将水烧开，把布料放入进行脱蜡。可反复多次。最后漂洗干净。

四、皮影

皮影的发源是在汉武帝时代，宋代《事物纪原》载，"言影戏源，出于汉武帝李夫人之亡""由是世间有影戏"。

皮影的制作，最初是用厚纸雕刻，后来采用驴皮或牛、羊皮刮薄，再进行雕刻，并施以彩绘。风格类似民间剪纸，但手、腿等关节分别雕刻后再用线连缀在一起，能活动自如。

五、灯彩

　　灯彩，又叫花灯，是起源于中国的一种传统民间手工艺品，它与流传中国民间的元宵赏灯习俗密切相连。据考证，元宵赏灯始于西汉，盛于隋唐，明清尤为风行。汉代"元宵不禁夜"，宫廷、民间张灯结彩，以示万民同乐，以后相沿成习。2008 年，灯彩被列入第二批国家级非物质文化遗产名录。

六、面塑

面塑，俗称面花、礼馍、花馍、捏面人等，是指以面粉、糯米粉、甘油或澄面等为原料制成熟面团后，用手和专用塑形工具，捏塑成花、鸟、鱼、虫、景物、器物、人物、动物等具体形象的手工技艺。

面塑艺术早在汉代就已有文字记载，经过几千年的传承和经营，可谓是历史源远流长，早已是中国文化和民间艺术的一部分，也是研究历史、考古、民俗、雕塑、美学不可忽视的实物资料。

面塑上手快，只需掌握"一印、二捏、三镶、四滚"等技法就行，但要做到形神兼备却并非易事。就捏制风格来说，黄河流域古朴、粗犷、豪放、深厚，长江流域细致、优美、精巧。

（一）分类

食用面塑、观赏性面塑。

（二）特点

工具简单，取材方便，可塑性较强。作品不褪色、不变形、不皲裂，适宜收藏。

（三）制作过程

1. 和面

将面粉、糯米粉、精盐、防腐剂放在盆中和匀，再徐徐倒入开水并用筷子搅拌，然后将面团反复揉搓，直至达到"三光"（面光、手光、盆光）效果。

2. 蒸熟

用手将面团压成薄片，上笼蒸约 30 分钟取出来。

3. 加油及保存

迅速将面片与香油揉和均匀，再放入塑料袋中，用毛巾裹好，放置 24 小时。

4. 上色

通过揉搓、搅打等各种重叠的手法使面团面坯黏合更紧密、更有弹性后，即可调色、上色了。

七、泥塑

　　泥塑，俗称彩塑，即用黏土塑制成各种形象，是中国古老的传统民间艺术。自新石器时代之后，中国泥塑艺术一直存在，发展到汉代已成为重要的艺术种类。它以泥土为原料，以手工捏制成形，或素或彩，以人物、动物为主。制作方法是在黏土里掺入少许棉花纤维，捣匀后，捏制成各种泥坯，经阴干，涂上底粉，再施彩绘。

　　泥塑发源于陕西宝鸡凤翔，流行于陕西、天津、江苏、河南等地。2006 年入选第一批国家级非物质文化遗产名录。